# 别跟孩子哭穷
# 别让孩子炫富

玲珑◎著

哈尔滨出版社
HARBIN PUBLISHING HOUSE

图书在版编目（CIP）数据

别跟孩子哭穷，别让孩子炫富 / 玲珑著. — 哈尔滨：哈尔滨出版社，2020.4

ISBN 978-7-5484-4969-0

Ⅰ.①别… Ⅱ.①玲… Ⅲ.①家庭教育 Ⅳ.① G78

中国版本图书馆 CIP 数据核字（2020）第030150号

书　　名：别跟孩子哭穷，别让孩子炫富
BIE GEN HAIZI KUQIONG, BIE RANG HAIZI XUANFU

作　　者：玲　珑 著
责任编辑：赵　晶　韩金华
责任审校：李　战
封面设计：末末美书

出版发行：哈尔滨出版社（Harbin Publishing House）
社　　址：哈尔滨市松北区世坤路738号9号楼　邮编：150028
经　　销：全国新华书店
印　　刷：天津中印联印务有限公司
网　　址：www.hrbcbs.com　www.mifengniao.com
E-mail：hrbcbs@yeah.net

编辑版权热线：（0451）87900271　87900272
销售热线：（0451）87900202　87900203
邮购热线：4006900345　（0451）87900256

开　　本：710mm×1000mm　1/16　印张：14　字数：158 千字
版　　次：2020年4月第1版
印　　次：2020年4月第1次印刷
书　　号：ISBN 978-7-5484-4969-0
定　　价：39.80元

凡购本社图书发现印装错误，请与本社印制部联系调换。
服务热线：（0451）87900278

# 目 录

## 第一章 怎样培养孩子，由自己决定

人为什么会有贫富差别 //002

观念比金钱更重要 //007

没谁规定父母的钱就是孩子的 //012

拒绝"母鸡式"的爱 //017

洛克菲勒家族教育孩子的方式 //022

## 第二章 孩子的经济习惯与父母相似

目标不明确的经济教育会害了孩子 //028

成为孩子的经济导师 //032

父母需要弄清"拥有"和"消费"的概念 //036

从家庭现状出发 //041

不要让孩子长大有钱了，却成为暴发户 //047

## 第三章　经济教育，先从父母开始

控制生活中的杂物消费 //054
不忘初心，完善自己 //059
别让信用卡透支你的生活 //065
"金钱游戏"让中产阶级日渐贫困 //071
威胁到家庭未来的金钱忧虑综合征 //076
父母要教授孩子正确的经济观 //081

## 第四章　勤俭是立世之本，取之有度，用之有节

杜绝挥霍，让孩子知道珍惜 //088
爱浪费的孩子不是好孩子 //094
不要放弃对孩子的"穷养" //099
告诉孩子：要节俭，但不可以吝啬 //104

## 第五章　重视财商教育，树立正确的金钱观

关于财商教育，你了解多少 //110
财商教育是家庭教育的重要组成部分 //115
低财商正在毁掉孩子的幸福 //120
给孩子灌输"君子爱财，取之有道"的财富观 //125
塑造孩子正确的金钱观 //130

## 第六章　帮助孩子支配零花钱

零花钱，给还是不给 //138
准确衡量应该给孩子多少零花钱 //144
选择合理的方式给孩子零花钱 //149
引导孩子正确使用零花钱 //155
从零花钱开始，教孩子学会理财 //160

## 第七章　别让孩子炫富，远离拜金主义

对孩子进行适当的"贫穷"教育 //166
再有钱，也别让孩子"炫富" //171
金钱并不是奖励孩子的最好选择 //176
让孩子远离拜金主义 //181
让孩子学会独立 //186

## 第八章　合理消费，让孩子成为理财高手

让孩子拥有正确的消费观念 //192
帮助孩子制订科学合理的支出计划 //197
让孩子成为家庭理财小帮手 //202
别让虚荣侵入孩子的心灵 //207
如何对待孩子的名牌情结 //212

第一章
# 怎样培养孩子，由自己决定

**别跟孩子哭穷，
别让孩子炫富**

# 人为什么会有贫富差别

人与人为什么会有贫富差别？其中有很多因素，不论是从社会角度分析，还是从个人角度分析，所得出的结论都各不相同。

很多家长都被孩子问过这样的问题："咱们家有钱吗？"面对这样的提问，家长一定要谨慎对待，既不能保持沉默，也不能着急回答，应该先了解孩子提问的原因，再组织语言巧妙应对。

小文的家庭条件比较差，在她小时候，很长时间才会有一件新衣服，她的衣服基本是亲戚家小孩穿过的或是买了不喜欢才送给她的。她的书包和文具大多也都是亲戚、朋友送的。

随着电子设备的广泛使用，小文的很多同学都拿着平板电脑、智能手机学习或休闲娱乐，但小文却什么都没有。有一次，一个同学拿着平板电脑和大家一起观看在线课堂的教学视频。

## 第一章
怎样培养孩子，由自己决定

在观看的过程中，平板电脑显示有人打来电话，小文感到十分惊奇，便忍不住问："这还能打电话？有这么大的电话吗？"刚说完，小文就觉得气氛不对，同学们都用异样的眼光看她，甚至还有同学说："小文，你怎么什么都没见过。"小文十分尴尬，低着头一声不吭。

回到家后，小文便对妈妈说："妈妈，我不想上学了，在学校我感到十分自卑。"

妈妈不解地问："怎么了？发生什么事了？"

"同学们都在用平板电脑和智能手机，而我却没有。对这些东西我一点都不了解，同学们还嘲笑我。妈妈，咱们家买不起吗？咱们家很穷吗？"小文越说越觉得委屈。

案例中，小文的委屈是家长不愿看到的，但这种情况早已屡见不鲜。如果让孩子长时间地在这种心态下学习、成长，对孩子以后的社会生活会有一定的影响。

家长是孩子最好的老师，家长的人生态度决定了孩子未来的发展方向。当孩子对贫富产生疑问时，家长需要进行正确的引导，不论是贫困还是富裕，都要给孩子正确的价值观教育。在教育孩子时，家长向孩子"哭穷"的行为要不得，这会让孩子产生自卑心理，总觉得低人一等；家长向孩子"炫富"也不可行，这会让孩子产生膨胀心理，甚至会以贫富来衡量交友标准。家长在孩子面前过分"炫富"，会让孩子狂妄自大，产生攀比心理，一旦攀比心不能得到满足，就会产生不良的心理状态。

### 别跟孩子哭穷，别让孩子炫富

**◆ 让孩子树立正确的金钱价值观**

说到贫富，我们最常想到的就是金钱。很多家长认为孩子应该以学习为主，不应该过早地接触和考虑金钱方面的事情，有的家长甚至会对孩子保密家庭的收支情况。但也有一些家长，为了让孩子能够专心读书，只是一味地满足孩子的各种需求，本着再穷也不能穷孩子的想法对待孩子。这样做很容易导致孩子树立错误的金钱价值观，让孩子不停地索取，没有合理消费的概念，也根本意识不到钱是付出辛苦劳动赚来的。对于家长来说，正确的做法应该是潜移默化地将正确的金钱价值观传递给孩子。

桉桉的爸爸妈妈工作比较忙，也比较累，但是他们从来都不和桉桉聊关于赚钱辛苦的话题。每次桉桉要钱的时候，爸爸妈妈就会直接把钱给他，也不问他要钱干什么、买什么。

每天桉桉的爸爸妈妈回到家就各自玩手机，桉桉想让爸爸妈妈给他讲故事，也总是换来一句："给你钱，自己拿着买东西去，不要来烦爸爸妈妈。"

时间长了，桉桉想买什么就买什么，没钱了就向爸爸妈妈要，甚至到后来他知道爸爸妈妈把钱放在哪，隔三岔五地就自己去拿。

爸爸妈妈工作忙，无暇顾及桉桉，桉桉就渐渐迷上了网络游戏。桉桉经常会看一些游戏直播，为了让游戏中的自己更强大，他开始充值消费，并在手机上绑定了妈妈的银行卡。

等到桉桉的爸爸妈妈发现银行卡中的钱减少时，他们二人辛辛苦苦攒了一年的钱已经被桉桉挥霍一空。而桉桉则认为家里赚

第一章
怎样培养孩子，由自己决定

钱很容易，对金钱依旧毫无概念。

案例中，桉桉变成这样，和他的爸爸妈妈没有及时对他进行金钱价值观的教导有很大关系。家长对孩子金钱价值观的教育应该尽早进行，要让孩子知道赚钱不容易，要有意识地引导孩子进行正确的消费。家长对孩子金钱价值观的教育，很大程度上会影响孩子的未来，因为家长是孩子最好的老师。

◆ 培养孩子的财商意识

很多人将贫富差别归咎于长辈没能给自己创造足够的条件，自己没有碰上好的机遇等等。但这些只是客观因素，最主要的因素是个人的财商意识。

大林和小徐是多年的邻居，两人的家庭条件和背景没什么区别，且结婚和生子的时间也差不多。但是在教育孩子的准则上，大林和小徐是完全不同的。

大林和小徐在一个单位上班，同样都很忙，大林就经常给孩子一些零花钱，让孩子自己吃喝，而小徐则不会把钱给了孩子后就不管。小徐会教孩子把零花钱分成几个部分，并且记录钱是怎么花的、买了什么。小徐还经常带孩子逛商场，他让孩子自己对商品进行选择，并且同品类的商品只能选择一种，让孩子懂得取舍。

两家的孩子慢慢长大了，初中毕业上了高中。因为大林和小徐是多年的邻居，所以两个人商量每个月给孩子的生活费是一样的。大林的孩子上了高中后，每个月还没到月底就把钱花得一分不剩，吃饭都成问题，常常是小徐的孩子借钱给他。而小徐的孩子上了高中后，把生活费合理地分成几个部分，用来吃饭的、用来买零食和朋友分享的、用来买学习用品的，还有一部分用来应急。他的规划让零花钱得到合理应用，并且每个月都会有所剩余。这种方法让他有了自己的理财观念，并且对生活也有了自己的看法和态度。

案例中，小徐的孩子之所以能把钱财管理得井然有序，是因为小徐让孩子从小就懂得取舍，并且有计划地使用钱财，引导孩子拥有自己的理财意识。随着孩子的财商越来越高，一旦有展示的机会，就会显现出与别人的不同。虽然大林和小徐的贫富水平相似，但是他们的孩子会因为不同的金钱教育渐渐产生差别。

财商是影响贫富差别的重要因素，也是认知贫富差别并改变它的重要途径。结合智力教育和道德教育，财商教育能让孩子认识到贫富不同的行为方式，并在物质社会中拥有自己的理财能力。

第一章
怎样培养孩子，由自己决定

## 观念比金钱更重要

孩子在生活中有父母、亲人的照顾与关怀；在学校里有老师的谆谆教导；还会受到身边无处不在的新闻媒体和文化意识形态带来的影响。但是家长思考问题的角度不同，对孩子所产生的影响也就不同。

在金钱方面为孩子树立一个正确的、积极向上的消费观，直接影响着孩子未来的生活质量。

亮亮的妈妈经常带亮亮去同事或朋友家里做客，妈妈希望亮亮能够和别的孩子成为很好的小伙伴。但是有一次，亮亮从小梅家回来后就闷闷不乐，妈妈十分疑惑地问亮亮："怎么了？这么不开心？"亮亮说："妈妈，我听小梅说他们要搬家了，要搬到更大的房子里，而且她妈妈还给她买了更大的电视和好多玩具。小梅说，越贵的玩具越好玩，越贵的东西越好。"妈妈听完亮亮的话，沉默了一会，然后对亮亮说："亮亮，你有自己的房间和玩具吗？"亮亮歪着头道："有啊，但是没有小梅的房间大，也没有她的玩具多。"妈妈摸着亮亮的头，轻轻地笑道："亮亮，你的玩具有没有给你带来快乐？你的房间有没有让你睡得很舒服？"亮亮说："有啊。"妈妈又接着说道："亮亮，你睡觉睡得香甜和房间多大、床多贵没有关系，玩具能不能让你开心也跟钱多钱少没有关系，重要的是你心里怎么想。当你把心思放在有价值、有意义的事情上，即使不花一分钱，心里也能充满快乐。你应该把精力放到学习知识和拓展兴趣上，让自己成为有用之才，将来用凭借自己努力赚来的钱去做喜欢的、有意义的事情。"

案例中，亮亮妈妈面对亮亮的疑问没有训斥，也没有提到自家的家庭条件，而是通过转变孩子看事情的角度，改变孩子的观念。金钱虽然可以带来物质上的满足，但不一定能让人获得内心想要的快乐。

孩子的观念主要受家长的影响，家长有义务和责任帮助孩子树立正确的人生观、价值观。当孩子有了正确的观念后，就不会轻易迷失自己，家长需要对孩子进行正确的引导，让孩子健康快乐地成长。

◆ **让孩子知道赚钱不易，要合理花费**

树立正确的金钱消费观对于孩子来说十分重要，家长要尽量避免只顾赚钱而忽略对孩子进行金钱教育的情况。金钱教育并不是将金钱交给孩子支配就可以了，要让孩子知道金钱并非唾手可得，同时还要教会孩子合理地利用金钱。

第一章
怎样培养孩子，由自己决定

思琪的爸爸妈妈都是企业高管，经常到各地出差，陪伴思琪的时间是少之又少。在思琪的印象中，爸爸妈妈总是风风火火，但是对自己很好。因为他们每次回来都会带着思琪疯狂地购物，甚至还给她办了一张卡，并时不时地打钱进来。在思琪的爸爸妈妈看来，没有多余的时间陪孩子，就用金钱来弥补，让孩子随心所欲地花钱也是爱。

受爸爸妈妈的影响，思琪买东西从来不问价格，也不管买的东西是否有用，总之就是买买买。天有不测风云，爸爸妈妈的公司因为经营不善要大裁员，他们两人恰恰都在其中。家中失去了经济来源，打给思琪的钱就变少了，但是早已习惯了大手大脚的思琪哪里管得了那么多，便走上了校园贷的道路，给自己和家人带来了不小的麻烦。

案例中，思琪从小就体会不到赚钱不易，金钱消费观扭曲，滋生了不良的消费观念。加上爸爸妈妈对她缺乏正确的引导和管教，最终酿成大错，悔之晚矣。

家长不该吝啬将钱花在孩子身上，也不该毫无节制地让孩子花钱，家长对孩子要有金钱上的管控，要从根本上改变孩子认为钱好赚的想法。让孩子合理利用金钱提升自己，并养成良好的素养和价值观，才是真正的"富养"孩子，才能真正让孩子在未来获得巨大的提升。

◆改变观念，先做人、后成事

真正的富有是一种精神上的富有，要有宽广的心胸、良好的教养、开

**别跟孩子哭穷，
别让孩子炫富**

阔的眼界，这样孩子才能飞得更高、走得更远。财富不只是金钱，知识、阅历、智慧、眼界和诚信也是一笔可观的财富。他人可以夺走你的金钱，但夺不走那些内在的财富。

即便有金山、银山，但如果内在匮乏，也算不得真正的富有。对于孩子的培养，家长要改变孩子只认钱的片面观念，要先让孩子学会踏实做人。

小青的孕婴店刚成立的时候，顾客不是特别多，为了让生意变好，小青在店里做了大力度的优惠活动。优惠力度越大，就代表利润越少，甚至是赔钱。于是，小青便选择了一些质量不是很好的产品进行销售。

突然有一天，学校的老师请小青去谈话，原因是小青的儿子不知道从哪里弄来一些过期的零食卖给同学，结果同学吃坏了肚子。小青赶紧去医院看望吃坏肚子的同学，又是赔礼、又是道歉，好一顿折腾。

晚上，小青把儿子叫到跟前问："你为什么要把过期的零食卖给同学？"小青的儿子说："过期的零食我花很少的钱就能买到，然后再卖出去，能赚好多钱呢。"小青听了十分生气，狠狠地打了儿子一下。儿子立马就哭了，还边哭边喊："你每天都这样卖东西，为什么到我这里就不行了？"听到这样的话，小青呆住了，她完全没想到自己的行为对孩子产生了这么大的影响。小青抱着儿子，认真地说道："对不起，是妈妈错了，这样的事妈妈再也不会做了。"

案例中，小青为了获取利益，选择了错误的赚钱方式，却没想到会对儿子产生这么大的不良影响。孩子年龄小，缺少辨识正确与否的能力，所以家长一定要以身作则，成为孩子的良好榜样。

孩子人生观、价值观的养成与家长的观念紧密相连，家长要端正自身的行为，才能更好地教育孩子，为孩子未来的发展铺一条积极、健康的道路。

金钱是流动的，不够花可以再挣，但是对孩子的教育，要比给孩子多少钱重要。如果孩子在观念上出现错误，而家长没有及时进行引导，严重的话会让孩子走上犯罪的道路。

**别跟孩子哭穷，
别让孩子炫富**

# 没谁规定父母的钱就是孩子的

人们一直对于"父母挣到的钱是谁的？"这个问题争论不断。有人认为父母赚钱是为了让子女生活富足；也有人认为孩子应当有自己的经济来源，父母的钱的支配权在父母身上。这个问题没有标准答案，但如果让孩子认为父母的钱就是自己的，会使孩子变得懒惰、没有上进心。

在孩子的观念里，父母是他们的避风港湾，孩子对父母的依赖就像鱼儿离不开水。为了让孩子独立成长，父母应及早帮助孩子树立良好的个人价值观，让孩子因自己独立成长而骄傲，并非通过继承父母的家业和财富来获得满足。

一天，一位同学跑到办公室喊道："老师，老师，马永和张迪打起来了。"老师急忙赶到教室，拉开扭打在地上的两人，并把他们带到办公室。

"说，你们两个为什么打架？"老师疾言厉色道。

马永说:"老师,我不小心弄坏了张迪的文具盒,我让我妈妈明天赔他一个更好的,他不同意,非让我自己赔他。"

张迪说:"老师,他这是显摆,他父母赚的钱又不是他的钱,他不能用他父母的钱赔我。"

马永说:"他们是为了我才辛苦工作,如果没有我,他们还拼搏什么?"

张迪说:"难道你要让你的父母养你一辈子?你生下来就是要你父母养活的吗?"

说完,俩人气呼呼地怒视对方,看那样子还想再打一架。看着各执一词的俩人,老师让他们沉默了几分钟。等到气氛缓和下来后,老师开始对两位同学进行教育:"你们说的都对,但也都不对。你们是妈妈十月怀胎生下来的,是父母最亲的人,也是父母的掌中宝。从孩子出生起,和父母的状态就会是扶持——分离——扶持。未成年时,孩子没有独立能力,需要父母的扶持;长大后,孩子独立且结婚成家,就会与父母分离;当父母老了,没有了经济来源,就需要孩子照顾、扶持他们。所以现在要好好学习,在父母的帮助下走向独立,在以后父母需要的时候,我们也有能力来照顾父母。"听完老师的话,马永和张迪都低下了头,并向老师承认了错误。

案例中,老师的话清晰点明了父母与孩子之间的关系,没有人能让孩子一辈子依靠,要让孩子学会独立。只有通过自己的努力,才能真正拥有属于自己的幸福。

父母对孩子的爱要有所保留，过度的、没有边界的爱会让孩子觉得父母付出一切都理所应当。父母过度的爱，再加上没有正确的引导，对孩子的未来将会是一场灾难。

◆花父母的钱不是理所当然的事情

父母对孩子的爱毫无保留，他们会用各种各样的方式表达对孩子的爱，比如说在花钱方面。在花钱上，有些家长会对孩子说："没钱就和爸爸妈妈说，我们挣的钱都是你的。"在父母看来这是为了孩子好，殊不知这些话会像毒药一样，毒害孩子的心灵。

兰兰每天上学前，妈妈都会给兰兰一些零花钱。时间长了，妈妈觉得每天给零花钱太麻烦，就索性把零花钱放在鞋柜上，让兰兰自己拿。妈妈还对兰兰说："钱不够就跟妈妈要，看到想买的东西就买，妈妈这么辛苦都是为了你。"听着妈妈的话，兰兰心里暖暖的。

一开始，兰兰每天规矩地拿着妈妈给的零花钱。但有一天，兰兰在放学回家的路上，看见商店的橱窗里有一只特别可爱的大熊，兰兰十分想要。回到家，兰兰想着妈妈对自己说的话，就毫不犹豫地拿走了所有零花钱，把那只大熊买回了家。等妈妈回来后，兰兰跟妈妈说了这件事，妈妈不仅没责备兰兰，还对兰兰说："钱花光了，妈妈明天再给你。"

有了妈妈当靠山，兰兰花钱开始大手大脚，完全不考虑妈妈挣钱有多不容易,并把妈妈的话理解为"随便花"。看着每天给的零花钱逐渐增多,妈妈不禁抱怨道:"你最近花的钱太多了。"妈妈刚说了一句,就被兰兰打断了:"不是你让我想买什么就买什么吗?不是你让我随便花吗?"

妈妈很伤心,自己话还没说完,兰兰就这个态度。看着辛苦养大的孩子这样对自己,妈妈心中产生了疑惑,难道给她零花钱错了吗?

案例中,在兰兰的妈妈看来,爱孩子就是让孩子不愁花钱和随便花钱。后来随着兰兰花销的增多,妈妈只是抱怨了一句,兰兰就冲妈妈喊叫。可叹的是,妈妈竟不知是自己对兰兰的过度宠爱,才造成了今天的局面。

父母的爱是无私的,但也应该是自私的。如果父母一味地付出,很容易让孩子认为这一切都是理所应当,慢慢就会让孩子失去对父母的感恩之心,也会让孩子一味地依附父母,丧失独立成长的生活能力。

◆父母的任务是帮助孩子自力更生

父母对孩子说"我养你"是一种极其不负责任的表现,这三个字会慢慢消磨掉孩子本身的求生能力。父母赋予孩子生命,不是要掌控他的一生,而是要让他有属于自己的独立人格,可以自力更生。

每次提起母亲,那蓝的嘴角总有掩饰不住的骄傲与喜悦,因为她能实现梦想,全靠妈妈的支持。

## 别跟孩子哭穷，别让孩子炫富

那蓝6岁那年，妈妈带着她去小姨的服装设计工作室玩，小姨便趁空闲时间亲手为那蓝设计制作了一身衣服。那蓝穿上小姨设计制作的衣服后，觉得小姨实在太厉害了，就暗下决心，长大以后要成为像小姨一样出色的服装设计师。回到家，那蓝和妈妈说了自己的想法，妈妈鼓励她说："如果你真的想成为一名服装设计师，妈妈就助你实现梦想。"

从那以后，除了上学外，妈妈还给那蓝报了服装设计的培训班。每天放学后，妈妈就送那蓝到培训班学习。寒暑假，妈妈也会带着那蓝参加一些服装展，有时一些大型的服装周会，妈妈也会不惜花重金带着那蓝参加。在妈妈一路的鼓励和协助下，那蓝顺利地考上了一流的服装设计学校。

案例中，妈妈给那蓝花钱时丝毫没有吝啬过，那蓝也对妈妈充满了感激之情。有了钱和妈妈的鼓舞，那蓝实现了自己的梦想，找到了自己的人生坐标。

很多时候，父母挣钱的动力源于孩子，挣的大多数钱也都给孩子花了。但是直接把钱给孩子，让孩子随便花，是万万不行的。那怎么做才是正确的呢？父母完全可以用一部分资金帮助孩子实现梦想，在这个过程中，父母的钱不仅用得其所，还能让孩子知道自己想要什么。

没有人规定父母的钱是孩子的，父母都是心甘情愿为孩子花钱、付出。天下父母爱孩子的心都是一样的，为了让孩子有更好的未来，父母对孩子的爱应该理性一些，尤其是为孩子花钱，要花得有价值。

第一章
怎样培养孩子，由自己决定

# 拒绝"母鸡式"的爱

高尔基说："爱孩子，是母鸡都会做的事，但要善于教育他们，这就是国家的一件大事了，这需要才能和渊博的生活知识。"爱孩子是母鸡都会做的事，但是教育孩子却只有人能完成。那么，人和动物爱孩子的方式有什么不同呢？母鸡是怎么"爱"孩子的？

母鸡孵小鸡需要21天时间，这段时间母鸡会一直蹲在鸡窝里，专心致志地孕育小鸡，直至小鸡们破壳而出。在小鸡们没有独立觅食的能力前，母鸡会把所有注意力都放在小鸡身上，好像外面的世界与自己无关。出于本能，母鸡也会在觅到食后，先试着啄一下，再喂给小鸡们吃；有动物恐吓小鸡时，母鸡会立马进入"战斗状态"。母鸡对小鸡这种专注和毫无节制的爱，相信很多家长都深有体会吧？

但是母鸡对小鸡无微不至的照顾是有期限的，一两个月后，

**别跟孩子哭穷，
别让孩子炫富**

母鸡就会从一个细心体贴的妈妈回到悠然自在的"单身"状态。母鸡在小鸡幼时什么都没教它，现在它们成了独立的个体，小鸡到母鸡那里抢食，母鸡都会狠狠地啄它们，完全没有亲人间的"亲情"存在。

很多家长爱孩子就像母鸡爱小鸡一样，毫无节制地投入精力爱孩子，把孩子的全部事情都包揽在自己身上，忽视了培养孩子独立自主的能力。这种情况，会严重影响孩子未来的发展。家长应该让孩子承担他应尽的责任和义务，学会放手，给孩子机会成长。

◆不要把你的梦想强加给孩子

有很多家长在孩子还没有出生的时候，就已经把孩子的童年规划表列了出来，迫不及待地对孩子进行胎教、早教、幼教，然后是舞蹈班、音乐班、奥数班……恨不得让孩子立马能掌握这些技能。很少会有家长考虑到孩子是不是真的需要，他们只是把自己未实现的梦想或是自认为好的东西强加在孩子身上，让孩子去完成。

李晴今年10岁了，每天早上叫醒她的不是梦想，也不是闹钟，而是妈妈。从李晴5岁起，妈妈每天早上都会把她叫起来练习古筝。

在李晴心里，妈妈就只知道古筝，从未关心过自己。同学的爸爸妈妈在接他们放学回家的路上有说有笑，而她和妈妈在一起，就是被妈妈一路说教，不是问古筝练得怎么样，就是问哪里没有练好。

　　一天早上，看见李晴没有起床，妈妈就来叫她。李晴望着妈妈说："妈妈，我今天不舒服，能休息一天吗？"妈妈说："乖孩子，今天就练一会儿，学古筝需要坚持。"见妈妈没有答应，李晴"哇"地哭了起来。妈妈哄着她说："乖，你要好好学，现在已经考到五级了，一定要考到十级，然后妈妈送你出国，办属于你的古筝演奏会。"李晴听完气呼呼地说："妈妈，从小到大你有问过我喜欢弹古筝吗？你都是按照你的目标要求我。妈妈，我很累，我不喜欢弹古筝，弹古筝是你的梦想，不是我的。"听李晴这样说，妈妈沉默了。

　　案例中，李晴的话像刀子一样扎进了妈妈心里，同时也扎醒了妈妈。妈妈每天围着李晴转，不仅丢失了自己，还把李晴搞得"晕头转向"，妈妈已经完全忘了李晴有自己的思想、爱好和喜怒哀乐。

　　很多家长都是帮孩子确立一个目标，或是让孩子完成自己未完成的心愿。在追梦的过程中，家长大多都一意孤行，在他们看来是为了孩子全身心付出，但对孩子来说这是一种负担。这样的爱，孩子承受不住。

### ◆爱是学会适时放手

　　小鸡有觅食能力后，母鸡会离开小鸡，让它自力更生；幼鹰足够大时，鹰妈妈会"狠心"地把幼鹰赶下山崖，让它快速学会飞翔的本领。家长养孩子，不是为了把他捧在手心，而是要让他学会独立奔跑。

## 别跟孩子哭穷，别让孩子炫富

在杉杉18岁的成人礼上，妈妈递给杉杉一个存折说："这里面是你大学4年的生活费，怎么花、如何花，爸爸妈妈都不会干预，我们相信你有独立支配金钱的能力。"

对于杉杉的爸爸妈妈而言，他们已经尽了对孩子应尽的职责，现在杉杉羽翼丰满，需要自由翱翔了。

原来在杉5岁的时候，爸爸妈妈就要求她每天按时起床、洗脸、吃饭、上学，使她养成了很好的生活习惯。平时晚上的零散时间和周末，妈妈也会让杉杉自己安排，渐渐地杉杉有了自行支配时间的能力。在金钱上，从每天给一元、一天给一次，到每周给十元、一百元，也让杉杉对金钱有了掌控力。

在爸爸妈妈的点滴教育中，杉杉慢慢长大，从爬到自己走路；从咿呀学语到妙语连珠；从遇到事情就躲在爸爸妈妈身后的害羞女孩到现在有独自承担能力的亭亭少女。妈妈清醒地意识到，女儿长大了，他们该退出她的舞台，让孩子自由发展。所以在杉杉成年后，爸爸妈妈毅然且放心地把大学四年的生活费都交给了杉杉。

案例中，杉杉成年时，爸爸妈妈放心地把钱交给杉杉管理，这既是对孩子的放心，也给了杉杉很好的锻炼机会。不过多地参与杉杉的成长，给杉杉留出更大的发展空间，适时放开约束她的手，才是真正明智的父母。

孩子就像小鸟一样，终有一天要挥动翅膀遨游天际，要自力更生。如果在这个阶段，家长还是扶持着孩子走下去，那么只会让孩子逐渐丧失这

## 第一章
### 怎样培养孩子，由自己决定

种生存本能。孩子需要管教的时候，家长全力引导；孩子需要成长空间的时候，家长也要及时放手。

在日常生活中，有很多啃老族、巨婴，那么造就这些"畸形儿"的罪魁祸首是谁？最后受苦的又是谁？家长是否该反省自己的教育方式？是否能分清自私与无私的爱？家长教育孩子不要以自身为出发点去要求、教育孩子，而是要以孩子的需求为出发点，进行合理正确的教育指导。

**别跟孩子哭穷，
别让孩子炫富**

# 洛克菲勒家族教育孩子的方式

在一定程度上，一个家族能否保持长富，取决于家族成员能否处理好以下三者间的关系。最傻的家长会给孩子很多钱；有能力的家长会给孩子搭建人脉网络；聪明的家长则会给孩子灌输正确的价值观与责任感。

洛克菲勒家族创造了一个历经了6代且不衰亡的商业帝国，为什么这个家族的生命力如此顽强？是什么支撑着这个家族经久不衰？没错，是孩子。孩子是一个家族的希望，那么洛克菲勒家族是怎么教育孩子的？他们教育孩子的方式和理念与普通家庭有何不同？

◆ 通过劳动赚取更多的零花钱

洛克菲勒家族在把控儿女零花钱的方面十分严苛，他们规定儿女的零花钱因年龄而异：7、8岁时每周3角；11、12岁时每周1元；12岁以上每周2元，每周发放一次。当然，想要更多的零花钱，则需要通过劳动来获取。例如，捉到100只苍蝇能得1角；

第一章
怎样培养孩子，由自己决定

逮住一只耗子得5分；背菜、垛柴、拔草也都能得到若干奖励。童年时期，劳伦斯与年长他两岁的纳尔逊关系最亲密，他们曾一同饲养兔子然后卖给科学实验室换取零花钱，同时还取得了擦全家皮鞋的特许权。

洛克菲勒家族在教育孩子上花尽了心思，为了让孩子不沉浸在祖辈的光环中，特意制订了一套教育计划。洛克菲勒家族的孩子们要通过劳动换取零用钱，这听起来是多么不可思议，却是事实。正是在这样的教育下，洛克菲勒家族的孩子才能取得今日非凡的成就。

◆自我尊重，才能赢得世界的尊重

洛克菲勒曾说："任何侮辱对我们的尊严都具有一定的杀伤力，但是你要明白，尊严不是别人给的，而是来自我们自身，是由自己创造的。尊严是我们内心精神的凝结，是每个人独一无二的财富。"

吴军6岁的时候，爸爸妈妈就离婚了，他一直由奶奶照顾。一天，有个同学在班上开玩笑说："吴军，你没有爸爸妈妈吗？和你同班两年了，只看到过你奶奶每天接送你。"这个问题吴军不知道怎么回答，他羞愤并委屈地低下了头。见吴军无话可说，全班同学就跟着起哄："哦，原来吴军没有爸爸妈妈，吴军是没人要的孩子。"

晚上放学，奶奶接吴军回家。平时吴军都有很多话要和奶奶说，可今天一句也没了。奶奶关切地问："军军，怎么了，不开心吗？

**别跟孩子哭穷，**
**别让孩子炫富**

谁惹咱们军军了？"不问还好，这一问，吴军就哭了起来："奶奶，我没有爸爸妈妈吗？为什么他们不来看我？同学们都说我是没人要的孩子。"

看着满脸泪水的吴军，奶奶将他搂入怀中说："军军，你是有爸爸妈妈的，你的爸爸妈妈也很爱你，但是我们每个人从出生开始就有和父母分开的过程，为了让你早些成长，爸爸妈妈就先离开你了，你应该开心，因为你比其他小伙伴成长得更快。"

第二天上学，同学们看到吴军满脸幸福的样子，和昨天那个把头埋得很低的小伙子判若两人。从此，也就没人再提吴军爸爸妈妈的事情了。

案例中，同学们起哄吴军没有爸爸妈妈，让吴军感到既委屈又羞愤。当吴军把这件事告诉奶奶后，奶奶的一番话让吴军茅塞顿开。在生活中就是这样，有人会赞美我们，也有人会侮辱我们，但他人的思想与言论是我们不能把控的，我们只能改变自己。被表扬时，我们不喜不悲；被攻击时，也可以不卑不亢。只有时刻反思自己，完善自身，才会有提升。所以只要端正态度、坦然面对，即使是侮辱也会变成我们前进的动力。

◆ 现在就行动

有个聪明人说得好：教育涵盖了许多方面，但它本身不教你任何一面。这句话很好地解释说明了一条真理：如果你不采取行动，那么再有道理的哲学也行不通。

# 第一章
## 怎样培养孩子，由自己决定

下午放学，妈妈接小琳回家。小琳说："妈妈，我想吃宫保鸡丁。"妈妈说："好啊，晚上回家做给你吃。"

等到晚上吃饭的时候，小琳兴冲冲地跑出来，准备吃宫保鸡丁，却只在饭桌上看到一盘炒香菇。妈妈对小琳说："今天没有鸡肉了，妈妈改天再给你做。"小琳没有看到宫保鸡丁，很生气地对妈妈说："妈妈说话不算话。"说完，便跑回房间。

时间过得真快，一转眼就要期末考试了，妈妈说："小琳，你每次考试都能考第一名，这次也要稳稳地拿第一名哟！"小琳爽快地答应了。

期末考试结束了，妈妈去学校取成绩单时，老师说："小琳这次发挥失常，下降了两名，考了第三名。"回到家，妈妈便怒气冲冲地责问小琳，小琳却学着妈妈的腔调说："这次没发挥好，下次给你考个第一吧。"

家长是孩子的一面镜子，妈妈没有履行对小琳的承诺，小琳很快就学会了。所以当妈妈要小琳考出好成绩时，小琳虽然爽快地答应，但最后却学着妈妈，不去履行。家长想要孩子听话，就要树立榜样，说到做到。

洛克菲勒在对孩子的教育中一直强调，要有马上行动的习惯、积极主动的精神，摒除精神散漫，做个主动并敢于做事的人。不要去等待，因为只有做出来的事情，没有等出来的完美。一个随时行动的习惯，不需要聪明伶俐，也不需要娴熟的技巧，唯一需要的就是坚持与努力。

洛克菲勒家族绵延6代都没有颓废和没落的迹象，打破了"富不过三

**别跟孩子哭穷，
别让孩子炫富**

代"的魔咒，这跟其家族长久以来教育子女的理念有直接关联。洛克菲勒家族通过劳动赚取零花钱，让孩子明白挣钱不易，在生活上需要勤俭节约；让孩子明白只有自我尊重，才能赢得世界的尊重；让孩子知道，受到周围人的赞扬与侮辱是人生常态；更让孩子体会到，创造财富的不二法宝是现在就行动。家长看到这里，是否该立刻行动起来呢？学习正确教育孩子的方式，选择其中实用的教育观念灌输给孩子。

第二章

## 孩子的经济习惯与父母相似

**别跟孩子哭穷，
别让孩子炫富**

# 目标不明确的经济教育会害了孩子

总有人问家长，你希望孩子长大以后成为一个什么样的人？很多家长的回答大概都是有钱人。如果按照这个目标去教育孩子，后果真的不敢想象。

"望子成龙，望女成凤"是每位家长对孩子的期许，但在教育孩子的过程中，经济教育是不可忽视的。如果目标模糊、不明确，家长不仅帮不到孩子，还会害了孩子。

小鑫的爸爸是销售经理，妈妈是老师，他们对小鑫的家庭教育格外重视，尤其是经济教育。爸爸因为工作的关系，每天都会接触不同类型的人，然后回家和小鑫分享客户对于金钱管理的理念；而妈妈为了更好地教育小鑫，平时会有意识地关注当下的经济发展趋势、记录前沿的经济教育知识，最后以讲故事的形式讲给小鑫听。

小鑫对于金钱管理、赚钱渠道、花钱方式都很有见解，当同学们讨论相关内容时，小鑫都能讲出个一二三来。但当同学们问小鑫，他未来要做什么、要靠什么赚钱、赚了钱怎么支配时，小鑫迷糊了，一时间竟摸不着头脑。小鑫在心里想着：是呀，我对各个方面都了解，但对自己的未来却没有一个明确的目标。

案例中，这种情况是很多家长都会遇到的，为什么对孩子付出多，回报少？的确，小鑫的爸爸妈妈对小鑫的经济教育很用心，但他们都是以自己的方式在教育小鑫，所以当他们把不同的观念输送给小鑫后，小鑫会认为这样也对，那样也可以。孩子还小，缺乏独立的思考能力，家长给出的不同意见会让孩子没有明确的目标。

明确的目标就如同一座灯塔，可以帮助孩子照亮前方的路。家长只有明确经济教育方面的标准，其教育才具有一定的指导价值。

在孩子小的时候，独立思考的能力没有形成时，家长的言行举止都会潜移默化地影响孩子。在经济教育方面，家长"盲目教"不如"学会教"。确定一个明确的目标，远比单纯输送给孩子相关知识点要重要得多。

◆ 没有明确的金钱观目标，不要来教育孩子

在经济教育方面，家长如果没有一个明确的目标就盲目地教孩子，不仅帮不到孩子，对孩子还是一种负担。

前段时间，小魏的妈妈听到楼下乘凉的家长们在讨论一本教孩子经济学启蒙的书。家长们都说这是一本很好的书，书的内容

**别跟孩子哭穷，
别让孩子炫富**

是一位爸爸严肃但不死板地给孩子讲经济学，让孩子轻松了解经济学。听到这，小魏的妈妈立刻跑到书店买回这本书。当小魏看到这本书，很快就被书里面的小故事吸引了，可是还没等小魏把书读完，妈妈就换了策略。

因为昨天，小魏的妈妈听其他的家长说，经济教育让孩子动手实践更重要。小魏想继续看那本经济学教育书，但是妈妈却非让他去"挣钱"。

一年很快就过去了，妈妈忙得热火朝天，可小魏连对金钱最基本的认识都没有，更不用说建立金钱观了。

案例中，如果从一开始妈妈就让小魏坚持把书读完，他定能有所收获。但由于妈妈的目标不坚定，对于小魏的经济教育没有一个明确的规划，只是听别人说什么好就去做，到头来小魏什么都没学会。

为了让孩子尽早有完整的经济观念，并在经济上能够独立，家庭的经济教育至关重要。如果家长没有一种明确的教育方式，不仅帮不到孩子，还会适得其反。

◆ **明确的目标让孩子起跑有动力**

让孩子赢在起跑线上，是每位家长的期许。一个明确的教育目标，就是孩子奔跑路上最好的助推器。

珞珞的爸爸妈妈对珞珞的家庭教育做得就很好，对于珞珞的经济教育更是从小抓起。在珞珞 3—5 岁时，爸爸妈妈就有意识地对珞珞进行金钱教育，教珞珞认识钱的功能、用途等；珞珞到了6岁，爸爸妈妈便开始教珞珞怎么花钱，怎么保密个人信息，并为珞珞制订了相应的经济教育计划。等到珞珞18岁时，不仅大学是她自己选的，就连读大学的费用也是由她自己支付。

案例中，珞珞的经济教育可以算是成功的典范，这些都要归功于她爸爸妈妈的正确引导和日常规划。在珞珞的成长过程中，从认识钱到学会如何花钱，通过循序渐进的方式，让珞珞阶梯式地进步，让珞珞有了很强的自理能力。

在孩子的成长过程中，家长就是孩子指路的明灯，只有当这盏灯朝着一个正确的方向引路时，孩子才不会迷路。

对于孩子的经济教育，家长的出发点都大致相同。为了让孩子在日后的生活中摆脱经济困扰，家长用尽各种方法来帮助、教育孩子，但效果甚微。这时候，家长是否该及时反思，反思对孩子的教育方式是否正确？

**别跟孩子哭穷，
别让孩子炫富**

# 成为孩子的经济导师

财商是一种认识金钱和驾驭金钱的能力，所以家长对孩子进行财商教育十分重要。对于孩子的财商教育，每位家长都有平等的发言权，并没有贫富之分。

由于哈哈的学习成绩名列前茅，便被老师调到了强训班。强训班的大多数同学都有个富爸爸，而哈哈的爸爸只是个普通的技术员。爸爸每个月拿着固定的工资，对理财方面很少关注，对于哈哈的教育也只是偶尔说句要好好学习。

一天，一家三口人吃饭，哈哈问："爸爸，你为什么从来都不和我说理财、挣钱方面的事？我同学的爸爸总是和他们说这些，同学们私下也会讨论哪种理财产品更安全、收益更大。他们中有的人都可以自己赚钱了，而我却什么都不懂。"哈哈看着爸爸，等着爸爸的回应，而爸爸和妈妈对视了一眼，都沉默不语！

案例中，哈哈的爸爸不知道怎么回答哈哈的问题，因为在爸爸的意识中，完全没有教哈哈理财、挣钱的概念。有些家长则已经深刻地领悟到了经济教育的重要性，所以在孩子很小的时候，家长就会把自身的经验告诉他，让孩子长大后少走弯路。

经济教育是每个孩子都应该接受的基础教育，不能因为家长自身的原因而让孩子缺少相关方面的教育。家长对理财知之甚少，更缺少财商，但这并不妨碍教育孩子。家长缺乏相关知识，可以和孩子一起学习，这样既能加深与孩子的感情，又可以共同进步。

◆孩子的教育容不得片刻的等待

家长教育孩子，并不是要等家长准备好了才去教育，而是要在教育的过程中，家长和孩子都在成长。

有一天晚上下班后，榕榕妈妈回来抱怨说："同事的孩子现在都能看懂理财产品了，咱家榕榕还什么都不知道呢。"榕榕爸爸不紧不慢地说："急什么，等我手上这只股票挣钱了，我就教榕榕玩股票。"

半年过去了，股票一点动静都没有，榕榕妈妈不耐烦地说："还等，再等榕榕小学都要毕业了。"榕榕爸爸这回说话的口气弱了："再等等吧。"然后点了一支烟，和榕榕妈妈说："我也急呀，可是我没有成功，怎么能教好榕榕呢？"

案例中，榕榕爸爸担心的问题相信大多数家长也同样担心，因为自己

**别跟孩子哭穷，
别让孩子炫富**

没有做过或做不好，怕没有说服力，怕教不好孩子。孩子的成长速度很快，家长一时对自身不足的担心，就会耽搁了对孩子在相应年龄段的教育。榕榕还小，她要学的只是基础内容，而榕榕的爸爸却想教她玩股票，这样的教法是行不通的。在对孩子的教育中，没有要求家长是必须完美的，只要家长用心在孩子的成长过程中稍加引导，孩子就会健康地成长。

想把最好的给孩子，是每个家长的想法，但很多事情需要先完成，再美化。所以家长现在就应该行动起来，不能因为你的现状而忽略了孩子的成长需要。

对于孩子的教育，家长基本都会走进一个误区，那就是误以为只有自己擅长的、做得好的，才能拿来教孩子。事实上，家长的支持和正确的引导才是对孩子最好的、最有帮助的。

◆ **穷爸爸一样可以教出富孩子**

每个孩子都蕴藏着无限的潜能，孩子的潜能则需要家长的挖掘。在孩子成长的道路上，每个家长都肩负着带孩子认路、行路，给孩子指路的责任。

> 晨晨的爸爸做的是木材生意，还算成功。平日里，爸爸常常带着晨晨外出游玩，并趁着休息的间隙和晨晨讲一些浅显的做生意的道理。慢慢地，晨晨对做生意有了基本了解，偶尔还会跟爸爸提一些自己的小见解。
>
> 说起晨晨爸爸生意上的成功，最功不可没的还是晨晨的爷爷。晨晨爸爸小时候就对做生意很感兴趣，有同学家是做小买卖的，

晨晨爸爸就常去帮忙，还爱出小点子，让店里的生意变得更好。

晨晨爷爷一辈子都以种地为生，他对种地的艰辛深有体会，所以不希望儿子也走种地这条路。当看到晨晨爸爸对做生意的热情度那么高时，晨晨爷爷就决定一定要尽自己的力量帮助儿子。为了让晨晨爸爸更好地了解生意场上的事，晨晨爷爷向身边做生意的朋友学习生意经，还去书店买相关的书。当晨晨爸爸对做生意的认识加深时，晨晨爷爷还拿出了家里所有的积蓄，鼓励儿子创业。在晨晨爷爷不断地引导下，晨晨爸爸的生意逐渐走向正轨，每每提及此事，晨晨爸爸的眼里都透着对父亲的敬佩与感激。

案例中，晨晨爷爷并没有因为自己是农民就止步对晨晨爸爸的教育，而是通过各种方式全力帮助晨晨爸爸完成心愿。晨晨爸爸也正是在父亲的一步步指引下，才能将生意做得这么有起色。

一般的家长，大多都会和孩子讲讲种地的事，或是千篇一律地对孩子说要好好读书，以后才会有出息之类的话。如果只是这样的教育，晨晨爸爸可能就不会有今天的成就。家庭条件是不能选择的，但家长可以通过自己的努力培养孩子改变家庭。把孩子培养成财富，也是做家长的成功。

在孩子的经济教育上，没有哪个家长是完全了解的。随着孩子不断地成长，需要获取的东西越来越多，家长想要跟上孩子的脚步，就要有共同学习的心态，跟孩子一起努力、一起进步。

**别跟孩子哭穷，
别让孩子炫富**

# 父母需要弄清"拥有"和"消费"的概念

何为消费？怎样才是正确的消费？何为拥有？怎样才是真正的拥有？

对于这个问题，很多家长都会说：花钱就是消费，自己的东西就是拥有。如果是这样的回答，那请您停下教育孩子的脚步。

彩云出生时，体质比较差，彩云的爸爸妈妈心疼她，所以从小对她倍加关爱。只要是他们能做、能给的，都会尽力满足彩云，平时彩云有什么不合理的要求和行为也都是听之任之，疏忽了对彩云的基本管教。

随着彩云慢慢长大，学会了花钱买东西，且一次买很多东西。她的爸爸妈妈从来没有说过她什么，渐渐地，彩云花钱开始大手大脚，从来不考虑买的东西有没有用，只想着买的时候高兴、买的时候喜欢。一天，妈妈打开彩云的衣柜，里面满满的都是衣服、首饰、摆件、玩具，所有的东西都乱七八糟地放在一起。

家里就彩云一个孩子,平日里大家对她满是宠溺,对彩云来说,家里所有的东西都是她的。前段时间,彩云姑姑家的孩子来家里住,短短几天时间彩云不是吵,就是闹,没有一天是消停的。彩云姑姑说:"彩云这孩子,现在越来越没个样了。"这让彩云的爸爸妈妈很是苦恼。

案例中,彩云的爸爸妈妈在花销的问题上对彩云没有进行正确的引导和控制,错把放任当宠爱,致使彩云的占有欲越来越强,脾气也越来越大。到最后,爸爸妈妈都拿彩云没办法了,才知道平时不加以管教其实是在毒害孩子。

当家长为孩子的过分行为愤怒、苦恼时,是否对自身的问题有过检讨?现在很多家长都迷茫于何为拥有?何为消费?加之过度消费和提前消费的事更是屡见不鲜,家长只懂得自己拥有,对共享、分享毫无概念,就更不必提对孩子的教育和引导了。

◆合理消费才是长久之道

消费是社会生产过程中的一个重要环节,也是最终环节,它是指利用社会产品来满足人们各种需求的过程。

月光族可以说是在当今社会中最常见的消费群体,大学生、应届毕业生、上班族,每个月都要靠父母的外援生活;结了婚、有了宝宝的年轻人,每个月同样也是入不敷出。

如何让你的经济状况由入不敷出转为月有结余呢?有经验的父母就会告诉你:改变消费结构,增加收入渠道。合理的消费行为可以改变人们的

**别跟孩子哭穷，
别让孩子炫富**

生活处境，而合理的消费有一条准则，那就是从实际出发，不提前消费、不过度消费、不杂物消费、不炫耀消费……

作为父母，在消费方面更需要自律，这不仅关乎家庭的财政情况，更关系到对孩子的教育。当父母有合理的、理性的消费观念，在日常生活中就会慢慢影响孩子，让孩子也逐渐养成正确的消费观念。

晓雯的爸爸妈妈都是工薪阶层，两个人每个月的工资加起来差不多 15000 元。除了供晓雯上学外，夫妻二人还需要还房贷、车贷，除去这些开销，平时一家三口人的生活也不是紧紧巴巴，而是有滋有味。究其原因，就是晓雯的爸爸妈妈对消费的把控和合理地做理财，才让生活过得幸福美满。以下是晓雯的爸爸妈妈分享的合理消费的三步骤：

第一步，计划性消费。每次在购物前列个清单，到商场后，直奔"主题"而去，防止过度消费。

第二步，记明确的账。账目做得越详细越好，把每月账目做分析比对，看看哪方面花销大，哪些东西可以不买，总结本月花销情况，慢慢在消费方面积累小技巧。

第三步，协同消费。和身边的朋友多沟通，身处共享时代，就要有共享消费的意识。比如出去野游，可以跟身边的朋友组团去，各自有分工地购买野游用品，既节省了开支，又分享了快乐，何乐而不为？

案例中，晓雯的爸爸妈妈在合理消费方面为晓雯做了很好的榜样，他们既把握住了当下的花销，又让生活过得有滋有味。在获得快乐的同时，也让生活更美好，相信晓雯会把这种消费观念很好地传承下去。

互联网时代不仅拉动着经济的快速发展，也悄然改变着人们的生活观念。晓雯的爸爸妈妈和朋友的协同消费就是意识提升的最好表现，相信在协同消费的过程中，人们会越来越懂得什么是真正的拥有。

◆学会共享才会拥有更多

前段时间，"共享"事件沸腾一时。随着共享时代的来临，共享单车、共享篮球、共享雨伞，共享充电宝……正在悄然影响着人们的生活。

共享经济也被称为协同消费，它创造了一种新的生活方式。消费者可以通过合作的方式来跟他人共享产品和服务，以分享替代私有，我的就是你的。

小青的学习成绩很好，但每次考试都是第二名，第一名总是程樱。眼看要期末考试了，程樱生了一场大病，就算能赶上期末考试，功课落下很多，怕是也考不出好成绩了。因此，小青一阵窃喜。

她回家和爸爸分享了这个"好消息"后，爸爸淡淡地笑了一下说："先吃饭吧。"饭后，爸爸来到小青的房间，用漫不经心的口气说："哎，我家小青捡了个大便宜呀，真开心。可换作是我，我会把学习笔记分享给程樱同学，要是我们两个一起进步，我会更快乐！"听了爸爸的话，小青很认同地点了点头。

**别跟孩子哭穷，
别让孩子炫富**

案例中，因为爸爸的引导，小青懂得了分享。分享不仅可以帮助小青获得快乐，还会让小青在帮助程樱的过程中有新的感悟。

家长应该为小青爸爸的行为点赞，正是因为爸爸拎清了拥有和分享的区别，才会在小青的认知出现偏差时，及时地进行矫正、引导。这样做不仅教会了小青要懂得分享，还提升了她的格局，开阔了她的心胸。

在物欲横流的时代，如果随波逐流，只会有停不下来的消费和无穷无尽的占有。家长作为孩子成长过程中的"掌舵人"，必须要不断修正自身的行为，通过孩子的言行不断审视自己，这样才能做得更好。

第二章
孩子的经济习惯与父母相似

# 从家庭现状出发

每位家长都想把世界上最好的东西给孩子，但家庭之间有贫富差距，家长只能尽己所能把最好的给孩子。当孩子接触到了外面的世界，发现自己拥有的和别人拥有的有一定差距时，家长应该怎么做呢？让孩子满足当下，就是对孩子的家庭教育中又一堂重要的课程。

对于孩子的家庭教育，家长需要从实际出发，从家庭的实际消费情况对孩子进行消费教育，这是孩子与社会接触前最需要学会的东西。

落落出生时，家庭条件优越。爸爸是一名出色的建筑工程师，高薪供养着整个家庭，妈妈则顺理成章地做了全职太太，一家三口过着温馨而富足的生活。

可惜天有不测风云，人的祸福是无法掌控的。在一次去施工现场查看建筑时，突然从楼上掉下来的砖头砸在了爸爸身上。这次意外事故夺走了爸爸的生命，也夺走了落落原本平静、富足的生活。

### 别跟孩子哭穷，
### 别让孩子炫富

落落读私立小学，学费对于之前的他们来说，只是很小一部分支出。但是爸爸去世后，这笔费用对于没有收入的家庭来说，就是个"天文数字"。

一天放学回家，落落跟妈妈说："妈妈，妈妈，我想买一个玩具。"妈妈随口问："多少钱呀？"落落说："880元。"换作以前，妈妈一定痛快地答应了，可现在失去了爸爸这个顶梁柱，妈妈咬牙拒绝了。虽然不想落落受委屈，但是他们还需要生存，看着一再减少的存款，如果任由落落一如从前地花下去，妈妈确实负担不起啊！

案例中，妈妈的为难让人心疼，但如果将落落一下子拉回现实，和妈妈一起去面对突如其来的变化，阳光可爱的落落会怎么样呢？现在妈妈对落落的爱，都是满满的忧虑和担心。妈妈的担心是正常的，但多余的担心对孩子来说就是负担。

事实上，大多数家长都低估了孩子的能力，孩子的自愈能力要比大人强，在承受压力方面，也需要家长的引导。如果在孩子的成长过程中，家长把外部压力都解决了，那么孩子在后天成长中，可能遇到一点小问题就会一蹶不振。

尤其是对于家庭经济水平的教育，不论是贫穷或富有，家长都要给孩子灌输一种正确的消费观，适当地让孩子了解家庭的收支状况。家长加以引导，让孩子体会到家长挣钱的辛苦，孩子才会根据当下家庭的经济水平来消费。

### ◆让孩子知悉家庭的实际经济情况

不论家里有钱、没钱都是事实,让孩子知道家庭的实际经济状况,并参与家庭消费,才能让孩子体恤家长的艰辛与不易。

大志是土生土长的山里娃娃,家里祖祖辈辈都以种地为生。爸爸则因为识字,平时也爱张罗事,乡里乡亲就推选他当上了村主任。当上了村主任的爸爸有幸走出过大山几次,看到了外面的世界,回来后几天晚上都睡不着觉,立志要把儿子送出大山。

大志也争气,学习成绩一直稳居班上第一,而且高考还是全县的状元,爸爸看着心里有说不出来的高兴。可高兴过后就是沉默,几千块钱的学费对仅靠种地维持生计的家庭来说是高额的费用。晚上,大志看到满面愁容的爸爸,蹲下来说:"爸,上学的费用你不要担心啦,我都联系好了,明天就出去打工挣钱。如果不够,我就去找校领导商量,家里一年能收入多少钱,我心里有数,如果钱都让我一个人拿走,你们吃什么?我不能让你们因为我一人上学,就背上累累债务!"

大志的一番话,让爸爸满是欣慰。从大志上小学起,家里每年种多少地、打了多少粮、卖了多少钱,爸爸妈妈都让大志算,就连平时的一些花销,也会问问大志的意见,慢慢大志就成了爸爸妈妈的小"顶梁柱"。在爸爸看来,让大志知道家里的经济情况,是想着"穷人家的孩子早当家"。今天,大志的表现让爸爸很惊喜,因为大志不仅体会到了爸爸妈妈的辛苦,还激起了对生活的斗志,

**别跟孩子哭穷，
别让孩子炫富**

爸爸那满是皱纹的脸上露出了满意的笑容。

案例中，大志从小就熟知家里的经济状况，慢慢长大后，和爸爸妈妈一起分担家里的事情。大志并没有像很多家长担心的那样，被压力压倒或者就此颓废，相反，这样更有助于激发他的责任感，让他更加勇于承担责任。

家长对孩子的爱都是一样的，但教育方式却各有不同。有些家长会让孩子小时候吃些苦，孩子长大后解决问题的能力会强一些；有些家长则怕孩子受苦，只想把最好的给他。但给予需要一个度，过度给予就是溺爱。

◆ 提前察觉孩子的不合理要求

给孩子一个良好的生活环境无可争议，但如果对孩子的无理要求不及时加以制止和引导，会让孩子认为一切都理所应当。

为了给孩子创造一个良好的生活环境，悠悠的爸爸妈妈卖掉了俩人的婚房，又拿出些积蓄，在高档小区选了套小户型的房子。搬进新小区，悠悠欣喜不已，因为小区的楼房建得漂亮，基础设施也很好。悠悠经常拉着妈妈去玩，慢慢就和周围的小朋友熟络了。

有一天，悠悠突然和妈妈说："妈妈，我不是小孩了，你应该给我买一个手机，我们就能随时联系，你就不用担心我的安全了。"妈妈认同地点了下头，隔天就买回了手机。第二天，妈妈把手机拿给悠悠，悠悠看了一眼手机，却生气地摔到一边说："我

## 第二章
### 孩子的经济习惯与父母相似

要的不是这个牌子,我要的是这样的牌子。"悠悠一顿比画。妈妈迷糊了,完全不知道悠悠想表达什么,很无奈地对悠悠说:"明天给你钱,你自己买吧。"一听妈妈这样说,悠悠擦干了脸上的眼泪,亲了一口妈妈,说:"妈妈真好。"

这件事妈妈并没有放在心上,只当悠悠是撒娇任性。没隔几天,悠悠又要买手表,妈妈想了一下,钱也给了悠悠。没出一周,悠悠看着妈妈说:"妈妈,我想买个包。"妈妈看着眼睛一眨一眨的女儿,心想:"女孩要富养",就把买包的钱给了悠悠……

月底,爸爸妈妈算账时呆住了,悠悠这个月买各种东西居然花了3万多元。如果按照悠悠这个花钱速度,他们的收入根本负担不起,这样下去,他们三个恐怕很快就连住的地方都没有了。

以前悠悠很乖巧呀,现在怎么能花出去这么多钱?爸爸妈妈想着。妈妈好像突然想到了什么,就对爸爸说:"悠悠变得能花钱,应该是从我们搬进这个小区开始的。悠悠接触的小朋友不同,也变成了买东西都要看牌子,牌子不对就不要。"爸爸叹了口气,本来搬进新小区是想给悠悠好的生活环境,没想到,悠悠却学会了攀比消费。

责备悠悠之余,爸爸妈妈也进行了自我反省,反省自己是不是对悠悠宠爱过了头。

案例中,悠悠的爸爸妈妈搬进高档小区是为了给悠悠更好的生活条件,不想弄巧成拙,反而让悠悠有了攀比之心。脱离家庭实际,一度跟风消费,

**别跟孩子哭穷，
别让孩子炫富**

这样既加重了父母的负担，也让悠悠养成了一些不良的消费习惯。

对于家庭的经济消费，孩子有知情权，家长应该让孩子了解家里的经济状况，并有意识地引导孩子进行相对应的消费。相反，如果只是一味地给予，很容易误导孩子，让孩子随便挥霍，对钱没有正确的认知。

从家庭实际出发来教育孩子，在家长的能力范围内为孩子创造最好的生活条件。生活条件孩子满意或不满意都是爸爸妈妈竭尽所能创造的，家长要告诉孩子，自己所期望的生活要通过后天的努力去创造。这样孩子不仅会对家长存有感激之心，还会对未来充满斗志。

# 不要让孩子长大有钱了，却成为暴发户

近年来，新闻频频报导有人奢侈消费、举止不良，成为了"暴发户"。相关调查显示，这些人都没有从小养成良好的规矩和习惯，没有形成正确的价值观。

读到这里，有些家长就会提出疑问：如何才能让孩子长大了，有了钱，不成为暴发户？"千里之行，始于足下。"让孩子健康成长，还是要做好当下的教育。

小松爸爸是一名厨师，后来因为厨艺了得就开了一家饭店。刚开张时，生意平平。但随着互联网的广泛应用，人们开始点外卖，小松爸爸便借了外卖的"东风"，生意火了。

令人意想不到的是，因为菜品卖相好，味道独特，深受广大消费者喜爱，店里很快座无虚席。随着名声越来越大，小松爸爸陆续开了几家分店，当真是时来运转。他从一名小厨师，短短几

**别跟孩子哭穷，**
**别让孩子炫富**

年就蜕变为拥有几家连锁餐饮店的老板，身份的转变，财富的涌入，让爸爸有些飘飘然。这种"富得流油"的日子，小松的爸爸从来都没有想过，现在财富突然来临，他就不自觉地进入了一种随便花钱的模式。曾经买不起的、不敢买的都买回来，身边所有的东西都换新的。看着新装修好的房子，屋里的整体摆设，怎么都不舒服。

渐渐地，小松的花钱方式越来越像爸爸了，在同学面前什么都买得起，浑身上下的衣服都是名牌，一点也看不到学生该有的样子。

这一切都被跟小松爸爸一起长大的发小看在眼里。发小爱读书，后来成功当上了一名大学教授。刚开始的时候，发小还耐心地规劝小松爸爸，有钱不能这么花，但没什么效果，后来也就不再说了。但由此及彼，发小开始反思自己，应该怎么教育下一代，该给孩子输送什么样的观念，当孩子日后有钱了，能否把持住自己，有正确的消费观呢？

案例中，小松爸爸在短时间内有了之前无法比拟的财富，这是好事。但当兜里有了钱，小松爸爸第一个想法竟然是消费，疯狂地消费。这样做是不对的，但如果你突然有了大量的金钱，你会做什么呢？为了杜绝这种现象，教育就要从小抓起，小松爸爸的发小反思的问题是家长都应该思考的问题，应该如何为孩子树立正确的金钱观与消费观。

对于孩子的教育，大多数家长都将注意力集中在学习和学技能上。一般家长认为，为孩子多报两个培训班，只要孩子学习好了，就能有生存本领，就能挣钱。但是如何花钱更是一项能力，花钱无度、大肆消费可能会毁掉一个人。

如何花钱是一门艺术，为了避免孩子长大后有钱了成为暴发户，家长不仅要花心思教孩子挣钱，还要在花钱上下一番功夫教孩子。

◆不要让一夜暴富来得快，去得也快

一夜暴富是很多人的梦想，当幸运真的来临时，你能把握得住吗？如果没有正确的金钱观念，突如其来的财富也会从你手上溜走。

吴涛生在普通家庭，幸运的是，他出生没多久就成了"拆二代"；不幸的是，有了这笔拆迁款，吴涛的命运并没有因此而改变。吴涛的爸爸妈妈有了钱后就立马辞去了工作，进入买——花——买的模式。没有节制地花销，让这笔钱来也匆匆，去也匆匆，一家人的生活过得更拮据了。

也许是对曾经财富的留恋情结，吴涛打小就会省下钱来买彩票。一天，吴涛对完中奖号就瘫坐在椅子上，反复确认后，他高兴地跳起来："没错，中了，中了五百万！"

前事不忘，后事之师。有了爸爸妈妈的教训，中奖后的吴涛，生活并没有大的改变，工作照常，奖金则取了部分做理财，部分用于家庭的学习提升，吴涛想得更多的是如何用这笔钱来改变孩子的生活。

**别跟孩子哭穷，
别让孩子炫富**

案例中，吴涛有钱后并没有像他的爸爸妈妈一样得意忘形，而是以此为戒，让这笔意外之财发挥其最大的作用。对于钱的分配，吴涛时刻保持着冷静的头脑，想着如何让这笔钱细水长流，怎样让孩子进入更好、更高的生活圈。

一夜暴富是每个人的心之向往，但暴发户的行为却让人们嗤之以鼻，究其根本，就是暴发户的思想境界和文化素质没有与其拥有的物质财富同步提升。不管是通过诚实劳动，还是意外收获拥有大量财富，本身不是错，但是如果因此失去理智、挥金如土、炫耀财富，就会产生严重的负面影响。

◆要让思想跟得上财富的步伐

林则徐曾经说过，子若强于我，要钱有何用，贤而多财，则损其志；子若不如我，留钱有何用，愚而多财，益增其过。

这句话的大概意思是：子孙如果像我一样优异，我就没必要留钱给他们，贤能却拥有过多钱财，会消磨他们的斗志；子孙如果都是平庸之辈，我也没必要留钱给他们，愚钝却拥有过多钱财，会增加他们的过失。

默默的爸爸是公安人员，对于形形色色的犯罪人员早已司空见惯。但是，前段时间在审一个未成年人因为吸毒被抓的案子时，还是震撼到了爸爸。

警察："为什么吸毒？"

少年："没意思呀。"

警察："你一个没成年的孩子，正是应该好好学习的时候，怎么就没意思？"

第二章
孩子的经济习惯与父母相似

一顿追问下……

少年:"我爸妈做服装生意忙,没时间管我,每个月只是给我钱。有钱还用上学吗?当然是玩呀!"

警察:"这么小的年纪,你这是玩火自焚呀。"

在当今社会,很多家长都忙于工作,由于教育的缺位,就想着用金钱来弥补孩子。可是孩子还小,对金钱没有深层次的认识,家长给了孩子过多金钱,却没有教孩子怎样正确消费,就是将孩子引向歪路。

每个孩子出生的时候都在同一条起跑线上,如何让孩子在这条跑道上健康长久地跑下去呢?最重要的影响因素就是孩子这一路上积淀下来的涵养、自身的修养、看待事物的正确性以及端正的态度。

在人生的道路上,跑得快的孩子不一定会赢,跑得慢的孩子也不一定会输。在这条蜿蜒曲折的道路上,孩子会遇到很多"惊喜",如果一夜暴富会让孩子丢掉自我,那这笔财富还是没有比较好。

第三章

# 经济教育，先从父母开始

**别跟孩子哭穷，**
**别让孩子炫富**

# 控制生活中的杂物消费

相信很多人都不止一次有过这样的想法：我的钱为什么总是不够花？明明收入不薄而且稳定，明明近来并无什么特大开销，明明……钱到底是花在哪里了呢？

正如大家所想，收入与支出并没有什么太大的问题，那么造成"钱不够花"的现象的原因是什么呢？那就是最容易被忽略的杂物消费。

何谓杂物消费？顾名思义就是指生活中，人们在各种不必要的事物上所付出的物质消费，也可以说是不必要的支出。杂物消费往往都是产生于不被关注的细微之处，许多人并不在意的小额支出，日积月累就会达到惊人的数额，这也就导致了"钱不够花"。

小丽已经工作3年了，就职于一家规模不小的设计公司。最近她越来越频繁地感觉到，自己的钱总是莫名其妙地"不知所踪"。

距离月底还有几日，这天，下班回家的她坐在沙发上开始算起了自己这个月的账单。吃饭、坐车、逛街、购物……一笔笔花销在她脑海中浮现,"我买了个小屏风,蛮漂亮的""家里的电脑桌旧了,换一个吧""厨房的油烟机好像不好用了,买个新的"……最后直到把自己想崩溃,也没有什么结果。小丽想着,下个月争取少花点吧,可能是这个月置办东西花的钱有点超过预算了。

就这样,小丽一边安慰着自己,上床熄灯,一边结束了苦恼的心绪。可能是她忘记了,前几个月,她也曾一次次这样苦想,然后毫无收获地睡觉……

案例中,小丽的入不敷出真的是因为她没有足够的经济能力来支持自己的消费水平吗?答案显然是否定的。那究竟是什么导致了收入不薄的她在经济上总是陷入窘境呢?我们不难发现,小丽是一个喜欢添置物件的人,她在这方面的许多投入并不都是必要的,但若是要小丽短时间内进行改变,显然也是不现实的。她已经在周而复始的生活节奏里,习惯了旧物淘汰的消费观,甚至对自己有些畸形的杂物消费理念毫无知觉。

事情若是就此发展下去,相信在未来不久的几个月底,小丽依然会思索着自己永远想不明白的账目,一阵苦恼之后,熄灯睡觉,安慰着自己:"这就是生活。"但若有一天,她真正跳脱出来,就可以明白,那个不科学的消费理念才是导致她生活窘迫的"罪魁祸首"。

◆摒弃"旧物淘汰,新物入屋"的消费观

日新月异的科技发展带动着生产力指数不断增长,加上市场营销的作

### 别跟孩子哭穷，
### 别让孩子炫富

用,使得人们的消费观不断革新。然而就在此过程中,许多人开始盲目消费、麻木消费,养成了极其严重的喜新厌旧的习惯,变相导致不科学的杂物消费行为出现。生活中,但凡发现陈设老旧或是有喜欢的新款出现,人们便毫不犹豫地出手添置,使仍有使用价值的陈旧物品遭到了淘汰。这种不合理的消费观念,很容易让人们陷入"钱不够花"的窘境。

小玟刚结婚不久,为了方便照顾,所以离父母和公婆的家都比较近,两边的老人也经常来串门。丈夫的工作比较忙,所以平时家里基本都是小玟在打理。

最近,小玟的妈妈明显感到女儿有点"不在状态",几次去小玟家中小玟都愁眉苦脸,平时通电话也忍不住唉声叹气。心疼女儿的妈妈着实有些担心,正值周末,所以又来到了小玟家。

刚一进门,妈妈便忍不住开口问道:"女儿,你最近是怎么了,我总觉得你精神状态不太对,是有什么事吗?你可别藏着掖着,让我们担心。"小玟见妈妈这样说,也不好隐瞒,便如实道来:"最近不知道怎么了,总觉得开的工资和自己花的钱不能对等,就连之前我俩攒的钱都快花没了。可是我们什么也没干呀,钱都不知道去哪了,这日子可真难熬啊。"

听着女儿的话,小玟的妈妈心中逐渐了然,语重心长地说道:"女儿啊,你们哪里经历过难熬的日子呀,这只是你们不会过而已。妈妈从你搬到这里来了不下十次,哪次来你们家都变个样,虽然你们都能赚钱,但钱也不应该这么花呀!你就说你这个灯罩,这才几个月，都换了三次了；还有那台洗衣机，结婚的时候买的，没用几次就让你扔掉了，偏要买那几千块的新款；至于那些零零散散的小件，那都数不胜数。你说为什么没钱了，不都被你们用到这上面去了？过两年再有了孩子，你们难道还要这么消费？那孩子的开销可不是小数目啊，你们要多思量。"

妈妈的话似乎点醒了小玟，她想起婆婆之前也曾说过这方面的事，可是都被她当作了耳旁风，丈夫对此也表示无所谓，反正花了再赚。就这样，他们慢慢地竟养成了乱花钱的习惯，如果不及时纠正，可能这个家真的要经营不下去了。想到这，小玟不禁陷入了沉思。

案例中，小玟之所以会出现入不敷出的情况，是因为她沉迷于置办新物而不能自拔。这样的行为，相当于之前的开销几乎失去了意义，也就导致了她不知不觉间手中资金的流失。

由此可见，在日常生活中科学合理的消费观必不可少。小玟的喜新厌旧导致她生活中的杂物消费过多，资金流转不畅，这对人们是一种警醒。摒弃"旧物淘汰，新物入屋"的思想，会让人们更好地拥有生活中的其他点滴。

◆合理规划生活中的每一笔支出

科学合理的消费观可以让人们无论在何种经济条件的约束下，都能过得轻松自如。当然，科学合理的消费观不单单是避免奢侈浪费，更多的则是明确规划自己的消费，努力让自己做到付出的每一笔支出都有其意义，

**别跟孩子哭穷，
别让孩子炫富**

并争取让其效益最大化。

> 淑华虽然刚刚踏入社会，但是她已经将自己的生活打理得井井有条，并且每日乐此不疲。
>
> 淑华在外省一家企业就职，暂时租住在公司附近的一栋居民楼内。虽然目前她的工资并没有多高，但她把生活过得十分精致。除了最基本的生活开销外，淑华也会把钱用在逛街、娱乐、购物等方面，但她从来不会过度消费。她现在用着的依旧是大学时期的被褥、洗漱用具等，家具也只有简单的几件。一年下来，淑华的生活不仅多姿多彩，还有了一定数目的积蓄，不仅让父母安心，还让周围的同事和昔日的同学惊叹不已。

案例中，淑华是一个深谙生活之道又懂得如何经营生活的典范。她并不是将自己置身于拮据的生活开销内来积攒财富，而是把自己的收入与支出平衡在可控范围内，同时预留出积蓄空间。她的每一笔支出都有一定的必要性，而一些无关紧要的东西，她绝不花一分钱，这也就在极大程度上避免了浪费的产生，真正做到了"用最小的开销精致地生活"。

杂物消费隐藏在生活的各个角落，人们要从自身出发，改掉铺张浪费、喜新厌旧等不好的习惯，同时还要有条不紊地规划自己的生活开销，努力完善自身，提高自律能力，把生活过得节约又不失色彩。

第三章
经济教育，先从父母开始

# 不忘初心，完善自己

生活中，不断提升自身能力，在社会的洪流中激流勇进、不断打拼，都是为了不断创造和积累财富，为自己和家人创造一种接近理想的生活。

但是创造财富的过程是艰辛的，人们需要不断地完善自己，以适应愈加激烈的市场竞争和社会压力，同时也要与时俱进，因为被时代淘汰的人永远无法成为浪尖上的弄潮儿。然而，对于艰辛地创造财富，如何保证自己在拥有一定经济基础的情况下社会地位稳步上升，如何让自己的财富积累效率更高，才是更值得人们深思的问题。

小华的爸爸妈妈都是国企的员工，工作稳定、收入不薄。小小的三口之家被夫妻二人打理得井井有条，家人之间温馨和睦、其乐融融。可是最近，他们夫妻二人之间的气氛似乎有些怪异，总是时不时发生一些口角，而且互不相让。

### 别跟孩子哭穷，
### 别让孩子炫富

这天加班晚归的妈妈刚到家，包还没放下，爸爸就开始唠叨了。

爸爸："你怎么又这么晚回来，这个月你都第几次了，什么工作不能明天完成？大晚上你一个女人在外面也不知会我一声，多让人担心啊。"

妈妈："工作总是拖来拖去，那什么时候才能完成？我这么努力，还不是为了我们能有更好的生活。"

爸爸："你的追求是没有尽头的，你现在还有什么不满足的，吃穿出行不犯愁，每个月都有新存款，你非把自己搞得那么累干吗？"

妈妈："你这是安于现状，每个月多赚点不好吗？我们攒的钱多了，能解决的事情就多了，孩子马上要读初中了，两边的老人年纪也越来越大，以后什么事情不得用钱？"

爸爸："又不是钱不够花，你就少折腾吧，稳定点不好吗？"

妈妈："像你这样不思进取，我懒得跟你说。"

最终，又是不欢而散。在他们各自心中都不免会想，我这样有错吗？

案例中，小华的爸爸妈妈到底谁的想法是错的呢？客观一点说，两人在生活态度上都没错。妈妈一心提升自己的业务能力，想获得更大的机遇，让家庭生活更上一层楼；而爸爸要的就是安安稳稳，不要过于为难自己，在忙碌的生活中给自己一些喘息的时间。

两种不同的生活态度和对财富的不同见解都各有道理，但如果以发展的眼光来看，在财富积累的道路上，妈妈的想法更加领先。没有一成不变的世事，也没有一帆风顺的人生，要攒更多的钱，单靠每个月的工资剩余来积累显然是不够的。在不知不觉中，安于现状的爸爸被飞速发展的竞争时代遗弃，如果某一天出现了一些不可控的情况，那他不一定有足够的能力提供相应的支持。相反，一直坚持完善自己，使自己适应时代潮流的妈妈更有机会成为新时代的宠儿。

◆ 用勤劳的双手支撑起通往富裕的坦途

怎样才能让自己赚到更多的钱？相信这是很多人都在思考的问题。其实财富积累是一个漫长的过程，除了要具备优秀的理财能力外，勤劳也同样不可忽视。人们常说的"勤能补拙""勤能致富"就是这个道理。

丽华今年40岁，生活过得有滋有味，很多认识她的人都对她羡慕不已。老公经营着一家小型企业，儿子在省重点高中读书且成绩优异，一家三口住着宽敞明亮的大房子，还有一笔数目不小的积蓄。但是，人们只看到了他们外表的光鲜亮丽，却不知道这其中丽华为此付出了多少努力与汗水。

丈夫的事业刚刚起步时，正是奔波之际，每天都是天亮就走，深夜晚归。丽华为了帮助丈夫，辞去了原本待遇不错的工作，回到家中照顾孩子、操持家务，同时尽自己所能在事业上帮助丈夫，成了名副其实的"贤内助"。丽华学的是计算机专业，兼修会计，所以丈夫公司前期的大小报告、数据等几乎都是丽华完成的。在

**别跟孩子哭穷，**
**别让孩子炫富**

那段最困难的日子里，丽华在养育孩子上也没有丝毫放松，相应地就养成了合理计划消费的好习惯。

如今丈夫事业走上正轨，儿子也渐渐长大成人，丽华又依靠自己的专业水平在网上开了一家小店。经营网店，丽华遇到过各种困难和问题，但她坚持不懈、保持初心，使店铺的营业额持续突破。虽然生活节奏相较之前慢了下来，生活水平也越来越高，但丽华没有懈怠，依旧严格要求自己。

案例中，丽华靠着自己的勤劳和坚持，不仅帮助丈夫的事业蒸蒸日上，同时还有了自己的事业。即便家中的条件越来越好，她也没有养尊处优，而是一如既往地严格要求自己。也正因如此，她才能积累如此多的财富，生活也越来越美满幸福。

赚钱的头脑固然可贵，但勤劳的双手亦不能缺。致富路上，被落在后方的并非不会赚钱的人，而是不懂得坚持和督促自己的人。

◆ **不要被骄纵懒惰阻碍致富的步伐**

很多人在致富后会一如往日地努力打拼，但也有一些人因为财富而忘乎所以，开始不思进取、安于现状，慢慢滋生出骄纵懒惰的习气。长此以往，他们不仅会在致富路上寸步难行，还有可能亲手将自己开创的事业葬送。

小强的爸爸出生在农村，他曾经只身来到大城市打拼，白手起家，让公司一步步发展壮大。眼看前景一片光明，可

## 第三章
经济教育，先从父母开始

偏偏……

两年前，随着公司规模的扩大，小强爸爸不知不觉就膨胀了。在家中，他总是向儿子炫耀自己的辉煌事迹："我当年那可真是白手起家，一步步走到今天不容易啊，你以后得和我一样有出息才行""咱家家大业大，你想要啥就和爸爸说"……诸如此类的话他时常挂在嘴边，在他的影响下，小强花钱大手大脚，丝毫没有节制，甚至小小年纪就在同学面前炫富。

在公司方面，小强爸爸不思进取、懒惰成性，公司的业务已经开始呈现颓势。几名元老曾不止一次提醒他，可他置若罔闻，依旧每日忙于应酬和消遣。无奈之下，几名元老相继离开，公司就此轰然倒塌，不仅需要破产清算，还需要支付无力完成的大工程的违约金。这时候，他才幡然醒悟，可惜一切都晚了。创业时的豪言壮语顷刻间烟消云散，只剩下不知所措的妻儿和瘫坐在床上的自己。

案例中，小强爸爸绝对是有能力创造财富的，他白手起家，通过自己的打拼拥有了一家规模不小的中型企业。但是后来，他的懒惰和骄傲，让他不再考虑未来的挑战与机遇，对身边人的善意提醒也不闻不问，失去了继续奋斗的雄心，最终亲手将自己开创的事业葬送。

生活中，这样的例子不胜枚举。人们往往不乏创造财富的激情，但是在取得一定的阶段性成果之后，就会放松自己拼搏的心。这种负面思想持

**别跟孩子哭穷，
别让孩子炫富**

续得越久，就越容易迷失自我，直至从巅峰跌落谷底。致富之路犹如一条漫漫长河，短暂的努力和拼搏最多只能成为其中一朵并不动人的浪花，只有自始至终坚持初心，不懈奋斗，才能成为滔天巨浪。

第三章
经济教育，先从父母开始

# 别让信用卡透支你的生活

钱是物质生活的流通代码，一切事物，都一定与其存在千丝万缕、不可斩断的联系。因而可以说，人们行色匆匆为生活奔波的过程，其实就是在"赚钱——花钱——存钱"之间循环往复。

然而随着时代更迭，一种新兴事物正在悄然改变着人们的生活方式，那就是信用卡。信用卡允许人们在拥有一定信誉基础的情况下进行无抵押借贷，并根据信誉的良好程度和消费能力获得不同的信用额度。号称"预支自己的人生，充实眼前的生活"，为人们的生活消费提供了一种全新的理念。

徐帆今年40岁，在一家建筑设计公司就职。但他最近很苦恼，因为他发现最近两年自己兢兢业业、勤勤恳恳地工作，一个月也没赚什么钱。

这天，又是领工资的日子，回到家中他看着那可怜得没有几

## 别跟孩子哭穷，
## 别让孩子炫富

张的红票子，不禁开始和妻子诉苦。

"你说咱这现在赚得越来越多，可怎么就见不到钱呢？"徐帆一边满面愁容地向妻子诉说，一边拿出了抽屉中的存折，"这折子上的数字怕是一年都没涨，可能都掉了，咋回事呢？"妻子看着委屈的丈夫，一边倒水一边说道："我看啊，就是你之前办那信用卡惹的祸。"徐帆闻言，不禁问道："这话怎么说？"妻子继续说："记得儿子还小的时候，你的工资很低，我赚得也少，可日子过得有滋有味。一到月底发工资的时候，我们总得大包小包地买各种好吃的回家庆祝，你还总给儿子买大大小小的玩具，感觉一个月下来，除了吃喝，剩下的都存到存折里了。可现在呢？自从你办了信用卡，干什么都刷，开了工资就赶忙还卡里的钱，剩下的当然少了。要是再遇到点什么事，钱就不够花了，那存折里的钱当然只出不进了。"

听着妻子的话，徐帆陷入了沉思，自己这几年确实因为信用卡方便，每个月开销越来越大，所以到了领工资的日子，再也没有昔日的购物庆祝，就连原本喜悦的心情都快没了。也许，自己真的应该改变一下生活方式了。

案例中，徐帆通过与妻子对话，认识到了自己依赖信用卡造成的严重后果，他也明白了，信用卡不能完全替代自己消费能力的一部分，而只是一种辅助手段。

信用卡消费作为一种新型的消费方式风靡各地，不过在使用信用卡的过程中一定要慎重。合理使用信用卡能够帮助你更加科学地理财，可一旦因为自制力薄弱而过度使用，甚至产生依赖，那么你将陷入借钱与还钱的恶性循环中无法自拔。

◆摒弃过度消费，拒绝成为"卡奴"

"卡奴"是指自身经济能力不足，在指定还款日3个月后仍然无力偿还信用卡借款的人。这些人几乎都是因为长期不合理使用信用卡从而产生依赖心理，进一步发展为消费欲望膨胀，过度消费，最终深陷其中。

小强参加工作已经5年了，可是从毕业到现在，他的银行卡里从来就没有超过四位数的存款。这是为什么呢？原来，小强是一名十足的"卡奴"。

5年前，刚毕业的小强信心满满，一心想着依靠自己数十年的文化知识积累与创造力闯出一片天地。因此，他在与父母商议后，就到省外一家规模颇大的企业就职。

来到陌生的城市，这里的繁华让小强眼界大开，但超过预想的高消费也让小强并不算高的工资难以应付。这时候，小强接触到了信用卡，他发现信用卡可以提前取钱消费，次月还款，他觉得这种消费方式非常适合自己。就这样，他申请了一张额度不小的信用卡。开始还好，小强只是在资金周转不开的情况下刷卡消费，可是慢慢地，他开始控制不住自己那强烈的消费欲望，总觉得手里有卡，大不了下个月再还。

长此以往，小强的信用卡额度不断上涨，可是他的工资水平

**别跟孩子哭穷，**
**别让孩子炫富**

却跟不上了，眼看着还款日期将至，没办法，只能再办一张信用卡来还这张信用卡的钱……如今，小强已经有了4张信用卡，有时实在倒不开，还需要找父母拿钱。父母曾不止一次劝过他，要他学会控制消费，花钱别大手大脚。可前一天小强在电话里还点头答应，第二天一切便烟消云散。用他自己的话说："习惯了这么过日子，哪那么容易改。"

案例中，小强从原本的利用信用卡暂时缓解经济压力，逐渐演变为依靠信用卡生活，直至到现在的"卡奴"，只用了短短5年。这5年，信用卡消费让小强不断增加自己的生活开支，直至超过了自己所能承受的上限，因为他已经无法控制自己的消费欲望。

现实生活中，如小强般生活的人不在少数，"卡奴"的数量随着时间的推移有增无减。很多人在使用信用卡消费的过程中逐渐丧失了应有的理智，将信用卡借贷额度当成自己的余额，使过度消费现象愈演愈烈，甚至到了一发不可收拾的地步。鉴于此，人们在使用信用卡时，一定要避免膨胀心理，杜绝过度消费，以免成为一辈子在负债中度过的信用卡借贷者。

◆科学理财，合理利用信用卡

虽然信用卡消费有诸多潜在的负面影响，但从正面角度分析，如果懂得适当使用，信用卡不仅能便利人们的生活，还能成为科学理财的小助手。

王露是一家国企的白领，丈夫经营一家汽车配件店，两人育有一女，一家人生活得平淡又不乏温馨。

## 第三章
经济教育，先从父母开始

有一天，公司里的同事抱怨："月底发了钱就得还信用卡，自己剩下的就没多少了，日子真是过得越来越难熬啊。"说罢，就看着王露，因为她从来没遇到这类烦恼。这天午休，大家闲聊时，就都向王露请教她生活的"窍门"，王露自然乐得分享，便和大家聊了起来。

原来，她并不是不用信用卡，只是使用的方式和大多数同事有所不同。在刚刚生下女儿的那段日子里，丈夫的店面收入一般，突如其来的经济负担一下子落到了夫妻俩的肩上。也是那时，王露办了一张信用卡，平时可以刷卡的地方，暂时用信用卡消费，过后再还款。不过因为自小养成的良好习惯，王露对信用卡欠款都有清晰的记录，同时也尽量控制自己的开销。到了女儿上学时，王露对信用卡额度的使用已经控制得非常出色，基本都是在自己下月偿还之后，仍然留有相当多的钱用于当月消费。她说，她从来都记得，信用卡里的钱是借来的！

后来随着丈夫的生意越来越好，自己的薪资水平也越来越高，王露一家便彻底摆脱了每月要用信用卡的窘境。现在她依然会使用信用卡，只不过都是在购买日常用品时利用信用卡打折，而且都是当天还款。这样一来，不仅月初没有还款压力，细算下来，信用卡还给家里省下不少钱呢。

案例中，王露也曾因为经济周转不开而使用信用卡，但她在消费中始终保持着理智，没有造成过度消费的局面。不仅如此，她还利用信用卡活

**别跟孩子哭穷，
别让孩子炫富**

动节省生活开支，并且可以随借随还。这种在不造成经济压力的情况下合理使用信用卡的方式，科学理财，值得人们学习。

在信用卡消费已经成为一种潮流的今天，人们都无可避免地置身其中。我们没有必要完全抵制信用卡，相反，还可以用它帮助自己更加科学、合理地管理自己的钱财，成为适应潮流又不沉溺于潮流的理财消费高手。

# 第三章
## 经济教育，先从父母开始

# "金钱游戏"让中产阶级日渐贫困

在我国，中产阶级一般是指年龄在 25 岁至 45 岁，居住在一线或者二线城市，年收入稳定在 10 万至 50 万的群体。这部分人有着许多共同的特点——他们年龄不大，却也不年轻；他们收入稳定，大多来源于固定工资；他们的职位大多处于中间水平；还有一点，他们普遍处于深深的焦虑中。

为什么他们会焦虑？原因不外乎以下几点：

一、每日为生活而奔波，为保证工作量和追求更高的职位而高频率加班，属于他们的排解时间少之又少。久而久之，他们的身体长期超负荷运转，疲惫不堪。

二、因为收入是基本固定的，所以他们时刻都在担心自己在企业中是否具有足够的不可替代性。他们不敢停下手上的工作，甚至也不敢生病，就怕他们一旦停下，就失去了生活来源。

三、为追求更好的生活，他们肩负着房贷、车贷、卡贷，其中为人父母者，还为了孩子的教育不惜一切地投入。太多生活的重担将这群人压得

**别跟孩子哭穷，**
**别让孩子炫富**

接近窒息。

  最近王强夫妻二人的生活过得不是很顺心，王强说："早上出了门抬头看一眼，感觉眼中的天都是灰色的。"这是为什么呢？

  原来，夫妻二人最近陷入了深深的焦虑中。王强与妻子都是国企白领，每天工作兢兢业业，还经常加班，但他们不觉得苦，特别是儿子降生之后，对孩子的爱和对美好生活的向往促使他们更加拼命。

  可是最近几年，他们的压力越来越大，贷款买了新房、新车，加上生活开销大，已经办了三张信用卡。下半年，儿子就要步入中学校园了，夫妻二人又需要把一大笔钱投入到儿子的教育上，这使得本就濒临崩溃的家庭经济又蒙上了一层乌云。每次想到这些不得不面对的困难，两人就免不了一阵叹息。可又有什么办法呢？只能再次重温对幸福未来的憧憬和希望，让自己振作起来。

  案例中，王强的家庭情况可以说是我国诸多中产家庭的一个缩影。他们住着高档公寓，开着进口汽车，吃穿日用都是名牌，孩子读重点学校，享受着一流的教育资源；他们每天过着两点一线的生活，每个人身上背负着或多或少的房贷、车贷或是卡贷；他们每天东奔西跑，从不停歇，却发现自己好像并没有做成什么事业，可是为了保住自己稳定的收入，为了给孩子的未来打下更坚实的基础，他们又不得不如此。

  这是一个最坏的时代，技术更新裹挟着时代变迁飞速前进。一不小心，你就被时代淘汰；稍一懈怠，你就被公司淘汰；没过多久，便跌入社会底层的深渊，想要重新上来是难上加难。这又是一个最好的时代，飞速变化的社会节奏在给人们带来诸多挑战的同时，也会带来与之相比只多不少的机遇。人们只要跟紧时代的步伐，正确分析形势，就可以为自己的命运掌舵，完成由贫致富的华丽逆袭。

◆ 玩转"金钱游戏"，而非沉迷

在大多数中产阶级中，自身工资的涨幅根本无法追上消费水平的提升速度和对美好生活的向往，所以很多人看中了股票、楼市等投机经济，将自己的希望寄托在这之上。然而有投资就有风险，如果不量力而行，后果将不堪设想。

小李曾是一名互联网公司的主管，年收入稳定在30万左右。与多数处于中产阶级的人一样，在贷款购买了公寓和车之后，每月的还款几乎让他喘不过气来。几年后，伴随着孩子的降生，他感觉越来越力不从心了。

一次偶然的机会，他接触到了股票，"只需要多多考量一下市场形势，跟风投几股，兴许我的生活就会慢慢好转，到时候别说什么奶粉钱，就是今后几十年的开销可能都赚出来了！"抱着这样的想法，他开始研究并将资金注入股市，买了几只看起来还不错的"牛股"。开始的时候收益还不错，经过一段时间的买入卖出，他的手上积攒了不少钱。于是，他决定抓准时机"赚波大的"。小李先是在开发区首付了一栋公寓，因为他听说那里将来可能会成为学

**别跟孩子哭穷，**
**别让孩子炫富**

区，后来又将手上剩余的流动资金全部投到听说会有较大涨幅的股票上。

可惜好景不长，原本预测要大涨的股票跌到了接近抛售的价格，实在没办法，他只能忍痛放弃。可是他不甘心，一时心血来潮地将房子卖掉，不顾亏掉的十几万继续寻找下一只"牛股"。然而事与愿违，接下来他投资的股票大都不涨反跌，几年下来，不仅没有赚到钱，反将原有的积蓄都搭进去了。面对妻子的责问，他也只能一言不发地看着窗外，不知道在想些什么……

案例中，小李开始时是成功的，可是他不懂节制，在尝到一点甜头后就不能自拔，即使多次面对失败也不知悔改，直至最终血本无归。究其根本，这还是在投机经济上不自制的结果。

对待这些投机经济，一定要保持理智，不能因为一时的收益就头脑发热，将手上的资金一股脑注入，这样的投资无异于赌博。与此同时，长久进行投资的前提是不能沉迷于此，如若不然，致富就是空口白话，钱都被别人赚去了，你只能跌入贫困的深渊。

◆ **行之量力，方能逆袭**

对于中产阶级而言，没有必要完全抵制投机经济，但要学会量力而行，只有细水长流的投资才是风险之中最稳定的一点保障，也只有如此，才能寻求到逆袭成功的一线生机。

郑阳在国企上班，过了今年就满10个年头了。因为父母的

第三章
经济教育，先从父母开始

远见，家里早早为他购置了一套婚房；上班开的车子也是他从朋友那里买来的二手车。短时间内，他并不想贷款购买新车，因为他觉得上班就十几分钟的车程，完全没有必要。

自儿子出生起，他和妻子就没怎么加过班，都是尽可能早点回家陪孩子。不仅如此，从小家庭教育良好的他同样在儿子小时候就对他倾注了大量心血。他注重孩子的启蒙教育，培养儿子自己的兴趣，所以儿子因为儿时养成的各种良好习惯，自读书起就没有让他操过心。加上前几年积攒的钱，他投资了一套学区房，现在已经升值了好几倍；股票的话，郑阳只是偶尔会投几股，但都是生活中的"闲钱"，而且数目不大。

周围很多同事都羡慕他，因为他们大多背负着房贷、车贷，听说还有人在买卖股票的时候亏损了不少。郑阳常常把自己的生活方式分享给他们，同事们听后收获颇多。

案例中，郑阳并非大富大贵，他与大多数中产阶级的经济状况一样，只是他选择的生活方式不同。他没有盲目地追求买新房、购新车、不顾一切地给孩子最好的环境，而是降低对生活品质的要求，同时注重从小对孩子的培养，这在无形之中就降低了自己生活的压力。在对待投资上，他可以在抓稳机会的同时懂得节制，这样一来，就得到了长久的收益。

对机遇的把握固然重要，但是在此之前一定要对自身的经济能力有一个清晰的认知，任何时候，没有资本的致富都是纸上谈兵。在投机经济中，量力而行是自始至终不能改变的原则，也是一切逆袭的前提。

**别跟孩子哭穷，**
**别让孩子炫富**

# 威胁到家庭未来的金钱忧虑综合征

在经济快速发展的时代下，衍生出这样一群人，他们自认为收入比别人低、生活条件比别人差，每天以满面愁容去面对生活。如果非要给这种态度定义一个名字，那就是金钱忧虑综合征。从古至今，不分种族、不分年龄、不分地域，不同程度的贫富差距一直存在着。但随着互联网的普及，生活节奏加快的同时，也加大了人们对生活的忧虑。在一个家庭中，如果家庭成员被这种金钱忧虑综合征困扰，对于夫妻、孩子都有着极大的影响。

小娜毕业两年多了，上学时不好好学习，到了工作岗位上也马马虎虎、应付了事，以这种态度工作，工资自然只能在温饱线上挣扎。每次逛商场看到心仪的物品，再想想兜里的钱，她都不由得叹起气来，回到宿舍不是给妈妈打电话抱怨，就是蒙着被子自怨自艾。工作不认真，工资一直提不上去，慢慢地她就觉得自己生活艰难，活得太累。

工作3年，她一分存款也没有，工作不见丝毫起色。过年同学聚会，看到同一起跑线上同学的现状，小娜更上火了。同学之中有的已经升为经理，工资是自己的3倍；有的已经当了父母，日子过得顺风顺水；有的则独立创业，小有起色。再看自己，一无所有、一事无成、一贫如洗，这几个词形容自己真是太贴切了。同学会后，小娜一病不起，妈妈和她说什么，她都不感兴趣，唯独提到钱，小娜愤愤不平，觉得全世界都对不起自己。

案例中，小娜是典型的金钱忧虑综合征，因为收入低，消费欲望没有得到满足，逐渐生出忧虑、愤懑的情绪，觉得身边的很多事情都令人发愁。和同学对比看到差距后，更是无休止地抱怨，觉得自己受到的待遇都不公平。

金钱忧虑综合征并不是心理问题，而是一种充满负能量的生活状态。因为人们每天担心自己的钱不够花，慢慢滋生出负面情绪，日复一日，年复一年，任由这种心态蔓延，会让生活质量每况愈下。

◆金钱忧虑综合征会破坏全家的幸福

当一个人觉得钱不够花，便对现状产生一定的忧虑，长期处于愁闷、抱怨、自卑的状况下时，他的低落情绪会如同病毒一样传染给家里的其他成员，使家人也受到影响。所以，一个人的金钱忧虑综合征会慢慢毁掉全家的幸福。

晓茹和老公结婚后，日子过得潇洒自在。俩人的工资加起来

### 别跟孩子哭穷，
### 别让孩子炫富

一万多，吃喝不用算计，一年旅游几次，可以尽情消遣，没有任何负担和压力，生活过得很是惬意。

时间长了，家里老人一直催着要孩子，晓茹和老公想着年龄也都不小了，就在第二年生了宝宝。宝宝出生半年后，晓茹就像变了个人似的，完全没有了之前的阳光笑脸，整天都阴沉着脸。

晓茹因为要照顾孩子，就辞掉了工作，没了收入。眼看着孩子要用到的东西越来越多，花销直线上涨，老公挣的工资根本不够花。晓茹渐渐开始抱怨老公挣得少，担心家里的钱不够花，顾虑孩子吃的、用的不如别人家的孩子。刚开始晓茹的老公还时不时地安慰晓茹说："慢慢就会好的，老公多加点班，钱就够花了。"可日子长了，根本没有什么效果，晓茹抱怨得越来越厉害，老公都不爱回家了。一天，晓茹的妈妈来看孩子时发现，孩子这么小怎么就唉声叹气的？孩子外婆一句话点醒了站在一旁的晓茹的老公，他这才意识到问题的严重性。

案例中，晓茹有了宝宝后，看着花销与日俱增，却唯独不见老公的工资上涨，这让晓茹陷入了一片惆怅与哀思中。老公上班忙了一天，累了一天，回来还要听晓茹的抱怨，慢慢也就不爱回家了；宝宝和晓茹整天在一起，妈妈每天的满面愁容很快就传染给了宝宝。很明显，晓茹一人处于对金钱忧虑的状态下，家里的氛围也紧张了起来。

缺钱、少钱是每个家庭常见的状况，如果家长一度处于愁闷、抱怨、自卑的状态下，就会慢慢进入金钱忧虑的症状里面，这对一个家庭来说犹

第三章
经济教育，先从父母开始

如一枚炸弹，会伤害到身边的亲人、朋友。合格的家长应该及时察觉自身或者孩子是否处于这种状态，并及时将其扼杀掉。

◆ 及时察觉并扼杀金钱忧虑综合征

为人家长者，应该对自己的思想、行为进行反思，不能因为自己的忧虑和困扰影响家庭氛围，扰乱孩子的正常生活。

婷婷读高二了，孩子在这个阶段时，家长都会格外紧张，婷婷妈妈也不例外。自打婷婷上高中起，婷婷妈妈就辞职在家专门照顾婷婷的起居生活。

有时看婷婷玩手机不认真学习，有时婷婷没有考出好成绩，妈妈都不免要啰唆几句，比如：谁家的孩子好，上了好大学，毕业现在挣多少钱；以婷婷现在的学习成绩去找工作，以后挣的钱都不够养活自己；为了照顾婷婷，妈妈都辞职没有收入了等等。这些唠叨在妈妈看来是为鼓励婷婷好好学习，然而婷婷每次听完这些都要和妈妈争执一番。

细心的爸爸察觉到婷婷最近的状态很差，经常唉声叹气："我感觉同学都比我有钱，我也觉得我以后挣不到钱，没有未来了。"

这不禁让爸爸想起，前段时间同事们在讨论的金钱忧虑综合征。爸爸在确定了婷婷的症状后，立马到网上仔细查阅了相关的解决方案。回家后，他首先对妻子进行了教育，让妻子改变以往总是把没钱这些话挂在嘴上的习惯；在婷婷面前他们两人也不再吵架，不说没钱、挣钱的事情，有意识地说一些积极、阳光的事情，

**别跟孩子哭穷，**
**别让孩子炫富**

尽量缓和婷婷在金钱上的压力。

慢慢地，婷婷感受到家里氛围的温馨与融洽，紧张的心情舒缓了下来。没过多久，三口人在一起吃饭时，爸爸开了一个玩笑："今天终于见到婷婷久违的笑脸了。"

案例中，妈妈的苦口婆心对婷婷来说就是压力，听了妈妈的话，婷婷开始认为钱很难挣，家里没钱，自己也不会挣钱，所以自己越想越害怕，陷入自卑的泥潭。幸运的是，婷婷有一个细心的爸爸，不仅及早地察觉到了婷婷的问题，还解决了问题。终于在爸爸妈妈的共同努力下，婷婷走出了金钱忧虑综合征的阴霾，对生活又重新燃起希望，家里也恢复了以往的温暖。

当家里的一员处于"金钱忧虑"状态时，如果任由他在这种情绪中徘徊，不光是他自己，就连整个家庭都会受到影响。作为亲人，应该及时提醒他，并帮助他走出困境，重建美好未来。

追根究底，金钱忧虑综合征的病因就是没钱，要走出困境最好的办法就是让自己的钱变得多起来。研究表明，提高收入能够增强自尊，如果短时间内收入不能增长，为了亲爱的家人，为了家庭的和谐安定，就要先调整好自己的心态。

第三章
经济教育，先从父母开始

# 父母要教授孩子正确的经济观

"爸爸，你给我买个玩具飞机吧！"

"不行，家里没钱，供你上学都不容易呢，还要这要那。"

"妈妈，我要这个，还有那个，这几个玩具我也想要！"

"好，这些统统都要了。"

爸爸妈妈的回答孩子满意吗？如果孩子满意了，这样的回答会为孩子树立正确的经济观吗？在孩子成长的道路上，家长越早地给孩子普及经济方面的知识，对孩子树立正确的经济观越有裨益。

欣欣高中毕业就出国学习，过年回家的时候，她和爸爸一起出去买东西。爸爸还像往常一样带欣欣来到超市，说："姑娘啊，看你想吃什么，爸爸都给你买，不用看价钱，爸爸有好多钱呢。"换作以往，欣欣听到爸爸的这番话一定会一通买，可是去国外上了半年学的欣欣不一样了，她说："不，爸爸，不论咱们有钱没

### 别跟孩子哭穷，
### 别让孩子炫富

钱都不能这样花钱，花钱应该有计划，不能看心情胡花，无计划地消费是攒不住钱的。"爸爸听后，大笑了起来说："好姑娘，知道攒钱了，学没白上。"

回到家后，欣欣看到妈妈在试新衣服，但穿上之后却不合身，妈妈说："没关系，反正打折没多少钱，便宜。"欣欣听了，对妈妈说："妈妈，花钱要花得有效果，这件衣服便宜，那条裤子便宜，买了之后却都扔掉，不就等于把钱扔了吗？那还不如买件质量好的衣服。"妈妈听后，也和爸爸一样，大笑说："我姑娘有进步了，知道怎么花钱了。"

吃饭时，爸爸妈妈还是心有不服，就对欣欣说："孩子长大了，知道教育爸爸妈妈了。"欣欣听完，一本正经地批评了爸爸妈妈："爸爸妈妈，小时候你们只知道让我学习，在金钱方面从来不教我，我刚出国那会儿，同班、同宿舍的同学都笑我不会花钱，笑话我乱花钱，不知道存钱。我的很多同学都有自己的房产、保险，其中还有很多是理财高手。"

再一细问，原来国外的家长在孩子很小的时候就会对孩子进行金钱、经济教育，可以帮助孩子早日实现经济独立。爸爸妈妈听后，对这种教育方式很赞许，也不由得反思自己的教育漏洞。

案例中，欣欣出国后接触到的小伙伴都已经早早地经济独立了，而自己还沉溺在爸爸妈妈的宠爱中。欣欣虽然成年了，但是连对金钱最基本的掌控能力都没有。

在人们长久的观念中，对于孩子的管教只限于学习好，这也就导致了孩子对金钱概念的模糊，从而出现不会花钱、胡乱花钱的现象。长大以后，也极有可能陷入经济危机中。

◆勤俭节约的好习惯不可丢

勤俭节约在当今社会似乎被大多数人弱化了，家长对于孩子只知一味地宠爱，或是只要孩子学习好，其他条件都可以满足。孩子吃饭吃不干净、花钱大手大脚，家长只是马马虎虎地说两句，殊不知，这样是在变相纵容孩子浪费。

俗语说"不当家不知柴米贵"。为了让小勤早早在以后的生活中养成勤俭节约的好习惯，平时烧饭、刷碗、买菜，妈妈都会带着小勤一起做，偶尔妈妈也会跟小勤说一些生活的艰辛，让孩子体会到挣钱不易，要知道节俭。

每次吃饭小勤碗里有剩饭时，妈妈都会说："浪费是可耻的。"一次，看到同学正要扔掉碗里的饭菜时，小勤上前一步说："我们应该能吃多少盛多少，浪费是不对的。"

不仅如此，妈妈还经常带小勤去物质贫乏的地区体验生活，与当地人一同吃住，了解他们的生活。每次回来后，小勤的小心灵就好像被重重撞击了一下，妈妈也会跟小勤分享她的感受。每次体验生活回来，小勤都加倍珍惜爸爸妈妈给她的相对富裕的生活。

**别跟孩子哭穷，**
**别让孩子炫富**

案例中，当小勤见到同学要丢掉剩饭时，脱口而出的阻拦直接证明了家长的有效教育。妈妈帮助小勤养成勤俭节约的习惯，将会让小勤终身受用。这不仅让她知道体恤家长的付出，同时也让她更珍惜当下的生活。

家长应当让孩子树立"节约光荣，浪费可耻"的意识，帮助孩子养成勤俭节约的好习惯，让孩子知道金钱来之不易，是要通过劳动才能换取的。

孩子处在心智不成熟的阶段，对如何管理金钱没有基本概念，只知道胡乱消费，这些问题如果不及时纠正将会影响孩子的一生。所以，家长帮助孩子树立正确的经济观，重拾勤俭节约的美德很有必要。

◆让孩子接触钱，并学会花钱

会花钱从来都不是一件简单的事，它并不是随便地把钱花掉，而是直接和一个人的生活态度、自律性、审美情趣紧密相连。最好的家长，不是最能付出的家长，而是懂得教会孩子如何花钱，如何生活的家长。

娇娇家庭条件非常好，爸爸妈妈怕孩子用金钱交朋友，也担心娇娇有过多的钱会乱买东西，所以在娇娇上高中后，妈妈只给她一日三餐的钱，其余要用、要买的东西妈妈都给她包办。

一天，老师给妈妈打电话问："同学们组织周日一起去吃饭，可娇娇说她没有钱就不去了。班级的团体活动怎么能不参加呢？"老师还对妈妈说："孩子长大了，有自己的世界，她总有会用到钱的时候，你不能这样做。"妈妈不以为然，反驳说："娇娇现在上高中学习忙，没有时间花钱，她只管安心学习好了，其他的事我都可以帮她搞定。"听妈妈这样说，老师叹了口气道："你这样会害了孩子。"便挂掉了电话。

很多家长都存在这样的问题，他们严格地把控着孩子的花费，固执地认为孩子多花钱就是浪费，殊不知这样会给孩子带来极大的精神伤害。长此以往，孩子会认为家长不够爱自己。

如果不让孩子具备一定的花钱能力，会把孩子排斥在真正的生活之外，让孩子缺乏自我管理能力。其实，会花钱也是一种本领，很多家长却把孩子的这种本领扼杀在摇篮之中，让孩子感受不到生活的乐趣。

培养孩子需要从生活中的点点滴滴入手，纠正孩子的日常消费行为，引导其做相应的家庭理财，懂得勤俭节约，使孩子从具体操作中体会经济功能。让孩子掌握消费规范与投资理财知识，养成勤俭节约、崇尚劳动、热爱生活的传统美德。

第四章

# 勤俭是立世之本，取之有度，用之有节

**别跟孩子哭穷，
别让孩子炫富**

# 杜绝挥霍，让孩子知道珍惜

从某种意义上讲，孩子是家长的一切，为了孩子的未来和幸福，家长会毫无怨言地付出。然而为人子女，在接受家长无条件付出的时候，有些人非但未曾感恩，反而把家长辛苦赚来的血汗钱尽情挥霍。

王小贝出身农村，从儿时起便见惯了面朝黄土、背朝天的农民的艰辛，也目睹了爸爸妈妈每日为养育儿女付出的辛劳，所以她下定决心要走出农村。

通过不断的努力，王小贝终于实现了梦想。她在一座二线城市定居，与丈夫相恋3年后，终于步入婚姻的殿堂。两人的家里虽然都没什么钱，但是一起为了生活打拼，一起挥汗一起笑，也很幸福。对于儿子，夫妻二人更是当作心头肉一般。

从儿子幼儿园时期一直到高中，读的都是他们所在城市里数一数二的学校。为了让儿子能读上重点班，二人没少找熟人、走

## 第四章
勤俭是立世之本，取之有度，用之有节

关系，光儿子的学费、补习费等等有关学习的开销就占了这个小家庭开销的一多半。但是对于这方面，两人从未在意，因为他们认为，教育对一个人的成就是最有作用的。正因如此，他们觉得只要孩子可以在好学校、好班级，他们就是再辛苦也不怕，毕竟，他们把最大的希望都寄托在了孩子身上。

但是前阵子，班主任联系到了王小贝，并请她到学校面谈孩子上学的问题。原来，她儿子在学校不仅没有用功读书，还扰乱学校秩序——他经常逃课，从来不按时完成作业；与其他班级的女同学有早恋倾向；在校外结交了一些"哥们儿"，还曾经因为与其他学生发生口角就请他们过来"帮忙"。更为过分的是，前几天考试当中因为抄袭被巡考老师批评教育之后，他竟然公然顶撞老师，甚至就要与老师动手。班主任之前就不止一次地要联系王小贝，可是她儿子给的家庭联系方式是假的，若不是这次事态严重，儿子怕是还不会将夫妻二人的联系方式告诉老师。

听着老师一桩桩、一件件地叙述孩子在学校里的恶劣行迹，王小贝只觉得一阵眩晕。自己和丈夫没日没夜地操劳，给儿子创造条件，虽然不求儿子现在就体谅他们，可万万没想到竟然落得今天这步田地。这样想着，泪水不自觉地就流了下来，看着眼前的儿子，她越发觉得陌生，自己究竟错在哪了？如何才能打破现在的僵局？

案例中，王小贝夫妇二人不辞辛劳也要把孩子送进重点学校、重点班

**别跟孩子哭穷，
别让孩子炫富**

级读书，就是希望为他的美好未来铺垫基石。结果不懂事的儿子不仅没有体会到爸爸妈妈的良苦用心，反而在学校行事出格且变本加厉。他这样做不仅辜负了父母的期望和努力，还一步步葬送了自己的人生前途。

古人因"身体发肤，受之父母"而终生蓄发，将落发视为落头。而今，多少儿女忽略家长为自己付出的努力而沉迷于浪费青春和挥霍钱财，不知伤透了多少家长对他们的一片苦心。珍惜家长的每一分血汗钱，让他们流的汗水更加有意义，这是每一名子女应尽的义务。

◆ 莫让父母的辛劳付诸东流

养儿育女，永远是父母心中的第一重任，为此多少父母含辛茹苦。然而，又有多少人接受父母的恩惠却不自知，顾自放浪形骸而辜负了父母的一片苦心。

李茂来自一个普通的城镇家庭，爸爸妈妈没日没夜地工作，就是为了给他提供一切可以提供的物质条件，只求他能出人头地。最终，他不负众望，成功考入了一所重点大学。

到了大学，学业不再如高中一般紧张，学习任务的骤减和自由安排的时间让李茂开心得不能自已，不知不觉间，他就放松了对自己的管理。他开始逃课，将学习时间压榨得几乎为零；结交了一群每日流连于网吧和夜店的朋友，成绩一落千丈。两年下来，李茂不及格的科目一页 A4 纸都记录不完，而且他还因为考试抄袭被通报批评。开始的时候，他也曾为此感到紧张，但后来挂科越来越多，他也就变得麻木了。

## 第四章
### 勤俭是立世之本，取之有度，用之有节

终于，学校向他家中邮寄了退学警告通知单。看着一页页鲜红的数字，妈妈因为双手颤抖而无法拿稳通知单，她不知所措。自己和丈夫的努力怎么能换来儿子如此不负责任的回报呢？于是一气之下病倒了。匆忙赶回家中的李茂见到病床上的母亲如此虚弱，眼泪止不住地流了下来，他想起了爸爸妈妈这么多年为自己的努力付出；想到了自己读书期间的放任自流；甚至他都能想象到接到通知单的父母是如何绝望。他跪在母亲的病床前，细数着自己的诸多不是，并表示一定痛改前非。

回到学校的李茂不再逃课、不再贪玩、不再夜不归宿。他每天按时上课与自习，几乎都是学到图书馆关门再回寝室。毕业之前，他补考了自己所有不及格的科目，并且通过努力成功签约了一家国企。当他打电话告诉家中这一喜讯时，听到爸爸妈妈激动的声音，泪水再次奔涌而出："爸妈你们放心，曾经的我迷失过一次，但我既然能纠正自己，就表示我已经吸取了教训，日后再不会让您二老失望了。"

案例中，李茂在迈入大学校园之后，因为放纵自己导致被学校发退学警告通知单。当他看到曾经心中坚强不屈的父母因为自己的过错而伤心，甚至是病倒时，他的心颤抖了、后悔了，他决定重新来过。功夫不负有心人，最终他凭借着自己的信念与坚持完成了自我救赎，总算没有让父母的心血白白耗费。

迷途知返，为时未晚，若能真心悔过，也算是没有辜负父母的不辞辛劳。

## 别跟孩子哭穷，别让孩子炫富

◆ 顾本克己，不负丹心

面对默默付出的家长，身为子女或许只有拼搏争胜，才能让他们欣慰于自己对孩子的付出，这才是孝道之本。

刘刚家在农村，从小就经历了贫困的苦日子，这让他下决心走出大山，脱离贫困，以报答父母的养育之恩。父母为了刘刚的前途起早贪黑，生怕因为经济原因阻碍了孩子实现梦想。

刘刚从小就很懂事，几乎不会向父母伸手要钱，零食、玩具等东西似乎从来就不属于他，他也从未追求过这些。上了大学，他自学了修图、插画等电脑技术，并利用闲暇时间接了一些单子，赚取一些生活费。一开始，刘刚只是接几单小生意，随着技术越发纯熟，他的生意越做越大，现在他已经有了自己的合作伙伴，几个人合作起来效率更高，利润更加丰厚。刘刚现在已经不再向家中要钱了，因为他的生活费和学费都已经通过自己的双手赚了出来。

上个月，他还抽空给家里邮寄了几千元。爸爸妈妈看到儿子寄回来的钱，打电话了解情况之后，流下了欣慰与感动的泪水，自己的儿子没有辜负他们的努力和期望，长大了、出息了，他的前途一定一片光明。

案例中，刘刚经历了儿时贫困的日子后，没有抱怨，也没有自暴自弃，他看到了父母在艰苦条件下为了自己的未来仍不辞辛劳地忙碌，他想要报答他们。后来，他通过自学技术赚取酬金，发展起来之后，已经可以在自给自足的同时为家庭分忧，让父母十分欣慰。

家长纵使劳累，一想到身后的孩子，一切便成浮云。孩子应该珍惜家长的每一分耕耘，方才无愧于天地，尽报养育之恩。

**别跟孩子哭穷，
别让孩子炫富**

# 爱浪费的孩子不是好孩子

勤俭节约是中华民族的传统美德，从小培养孩子勤俭节约的好品行，将会让孩子终身受益。

培养孩子勤俭节约的好习惯要从家长做起，不同的生活环境造就了孩子不同的生活习惯。家长平时注意节俭、不浪费，就会感染到孩子，无须过多的口头教育，孩子就已经知道节俭，不浪费。相反，在日常生活中，家长奢侈浪费，费多少口舌教育孩子勤俭持家也是徒劳，效果甚微。

明月的爸爸妈妈要经常出差，不得已把孩子留在姥姥身边照顾。都说"隔辈亲"，姥姥对明月也是倍加喜爱，但每次看到明月碗里的剩饭，或是学习用品还没用完就扔掉时，姥姥总会声色俱厉地批评明月。久而久之，在姥姥的带动下，明月每次吃完饭，总会举着吃干净的碗给姥姥看，姥姥都会露出满意的笑容。

一天，爸爸妈妈回来带着明月出去吃饭，点了好多明月爱吃

第四章
勤俭是立世之本，取之有度，用之有节

的东西，明月还是一如既往地吃光了碗里的饭。当爸爸起身要走时，明月拦住爸爸说："爸爸，你碗里还有饭，姥姥说，剩饭的孩子不乖，我们不能浪费一粒粮食。"听了明月的话，爸爸赶忙道歉说："明月说得对，爸爸以后再也不剩饭了。"说罢，便吃光了碗里的剩饭。

案例中，明月在姥姥的教育下，知道勤俭节约的孩子才是一个好孩子，逐渐养成了勤俭的好习惯。当看到爸爸碗里有剩饭时，明月意识到爸爸是在浪费，便学着姥姥的语气，批评了爸爸。对于孩子勤俭节约的教育，家长要以身作则，从身边的小事做起。当孩子有节俭意识时，自身的浪费行为就会得到修正。

俗话说，"由俭入奢易，由奢入俭难"。家长在孩子小的时候就要开始"立规矩"，从日常生活中的小事做起，帮助孩子树立勤俭节约的意识，如果等到孩子的浪费习惯已经养成，再改就难了。

◆送给孩子一个旧物收藏箱

家长想培养孩子勤俭节约的习惯，方法是多种多样的。比如，让孩子用劳动来赚零花钱；让孩子到贫困地区体验生活；让孩子看到祖辈的艰辛生活等。爸爸妈妈也可以给孩子准备一个旧物收藏箱，既收藏了孩子的回忆，也养成了孩子不浪费的好习惯。

8岁那年，爸爸送给全全一个超大且精致的收藏箱，取名为"全全宝盒"。爸爸告诉全全："如果你以后有暂时用不到的物品，

**别跟孩子哭穷，
别让孩子炫富**

或是扔了觉得可惜的玩具，都能放到宝盒中。"全全慢慢长大了，宝盒里面都快塞不下了。

一天，全全问爸爸："爸爸，这个宝盒怎么才能发挥它的功能呢？"爸爸哈哈大笑了起来，拉着全全的小手来到宝盒前说："今天爸爸就让你见识下它的功能。"说着，两人开始收拾宝盒了，当爸爸把里面的东西都倒出来时，全全眼睛瞪得溜圆，仿佛看见了什么新鲜物件。父女俩边收拾，边说着每件东西曾带来的美好时光。转眼，东西规整好了，全全从里面掏出来不少现在用得到的物品。"剩下的怎么办呀？"全全不解地问。爸爸一副早有准备的样子说："爸爸会以你的名义捐给贫困山区的孩子，这些东西都能再利用，那些孩子一定用得上。"全全高兴地跳了起来说："我要把爸爸的好主意告诉我的同学，让大家一起勤俭起来。"

案例中，爸爸因为给了全全这个宝盒，才让全全学习勤俭这个枯燥无味的过程，变得有趣起来。这个宝盒把全全用过的、感到厌烦的、不想扔掉的东西都储存起来，随着时间的流逝，这些东西旧物再用，或者被捐给有需要的小朋友，让它们发挥了最大的利用价值。

一个小小的收藏箱就解决了孩子浪费的问题，只要家长用心，孩子的勤俭习惯是很容易培养的。如果家长自身不注意，在孩子面前大手大脚、挥金如土、挥霍浪费，也就不要希望孩子能勤俭节约了。

◆不要与浪费结缘

## 第四章
### 勤俭是立世之本，取之有度，用之有节

"历览前贤国与家，成由勤俭破由奢"，意思是勤俭节约意味着成功，奢侈浮夸意味着失败。

都说女儿要富养，甜甜从小就被爸爸妈妈娇生惯养着，甜甜要什么，爸爸妈妈都会满足她。有时和妈妈去逛商场，甜甜正吃着冰激凌，但是看到汉堡，直接就把冰激凌丢了，要妈妈给自己买汉堡。这时，妈妈也不会反对，只是去给她买汉堡。甜甜虽然在上小学，但是手机都不知换了多少个了，她只要当下最新款的手机，有时手机不小心掉地上，也会被甜甜无情地"抛弃"。一路在爸爸妈妈听之任之的培养下，甜甜的大脑里完全没有节俭二字，只知道不断地花钱买东西，不管现在用的东西坏没坏，还能不能用。

一次，妈妈带着甜甜去同事家串门，为此同事特意做了几道菜欢迎他们。开饭了，甜甜吃了几口觉得不好吃，就习惯性地把饭菜都倒掉了。同事的女儿比甜甜小很多，对甜甜说："姐姐，你这是浪费，我们应该珍惜粮食。"听着小朋友的指责，甜甜很气恼地说："我爸妈都不管我，用你管。"听甜甜这样说，妈妈很羞愧。

回家躺在床上，妈妈一方面感到自己在同事家很没有面子，一方面不由得为甜甜焦虑起来。妈妈很懊悔当初没有把甜甜教育好，同事家的小孩子都知道要珍惜粮食，不能浪费，甜甜却只知道挥霍。

**别跟孩子哭穷，
别让孩子炫富**

案例中，在爸爸妈妈放纵中长大的甜甜，既不知道勤俭节约，也不知道感恩。小朋友指责她倒饭浪费时，甜甜还满脸的不服。当甜甜有这种行为时，妈妈没有去制止，也没有去教导，就相当于默许了甜甜的错误，导致后来甜甜浪费成风。

"富由俭中来"，孩子从小就丢掉了勤俭的好品德，长大之后的品行也就岌岌可危。孩子在任性、无度的消费中体察不到家长、亲人、朋友的艰辛付出，自然不懂得感恩。丢弃了勤俭，与浪费结缘的孩子长大后在工作与生活上也只知道自私地索取，而不懂得奉献。

一粥一饭，当思来处不易；半丝半缕，恒念物力维艰。养成勤俭节约的好习惯不仅仅是一种美德，更是一种精神。不论人们身处哪个时代，是哪个年龄段，贫穷或是富有，都不该忘记勤俭节约。

第四章
勤俭是立世之本，取之有度，用之有节

# 不要放弃对孩子的"穷养"

所有家长将孩子视为心头肉、掌中宝，对孩子始终如一的付出自然不必细说。大多数家长的想法都是尽自己最大的努力为孩子提供一个优越的成长环境，让孩子尽量享受到所有优秀的资源，最好是除了如何好好学习之外，孩子无须考虑任何其他事情。

出于对孩子的溺爱，很多家长在孩子成长环境上的想法难免过于片面。他们认为孩子到了优越的环境下可以无忧无虑地生活，可以专心致志地学习，却忽略了安逸的环境可能导致孩子慢慢产生懒惰心理。同时，长期处于家长的保护下，孩子的心理承受能力比较弱，不利于直面并克服日后可能出现的困难。他们只注意到了艰苦环境下孩子为适应环境需要付出的努力，无法渡过难关后会对孩子造成的心理打击，却忽略了孩子在历经磨炼后练就的坚韧心智，忽略了孩子可以从突破困境中获得的成就感。即便在物质条件日益丰厚的今天，孩子的成长之路也不该在家长的庇护下一帆风顺，适当"穷养"孩子，让他拥有一颗强大的内心和超高的个人素质。

**别跟孩子哭穷，
别让孩子炫富**

◆别让你的骄纵造成孩子日后的脆弱与慵懒

一些家长过分溺爱孩子，什么事情都舍不得让孩子自己解决，成长路上的任何磨砺都不忍心让孩子去经历，恨不得用自己的力量将孩子的余生都安排得妥妥当当。在这种无忧无虑的环境下成长起来的孩子，在充分享受了儿时的快乐之后，摆在他们面前的是日益激烈的竞争和社会压力。他们之后会不知所措，最终被生活轻而易举地压垮，到了那时，家长就算再怎么后悔，在残酷的现实面前终将于事无补。

薇薇在人生的前二十几年里，过得可谓一帆风顺。薇薇的爸爸妈妈都是国企高管，家里的经济条件比较优越，夫妻二人几乎将全部心血都投入到了照顾薇薇上，对她更是溺爱得不得了。

薇薇从小就过着"衣来伸手，饭来张口"的生活，几乎没有任何事情需要她操心，她只负责学习和玩耍。从小学到初中再到高中，爸爸妈妈都是托关系把她送到重点学校的重点班级，希望她可以踏踏实实地学习，将来成就一番事业。爸爸更是很直接地告诉她："宝贝，你就负责把成绩搞上去，其他方面有任何需求和爸爸开口就好。"就这样，除了学习和娱乐，薇薇的生活几乎没有其他元素存在。

薇薇的小学班主任就曾不止一次和她的爸爸妈妈谈论过薇薇。老师说，虽然薇薇成绩一直不错，但是通过观察生活上的细节，她发现薇薇自己动手的能力太弱了，连削铅笔这种小事情还需要同学的帮助，希望这可以引起薇薇爸爸妈妈的重视。但她爸爸妈

第四章
勤俭是立世之本，取之有度，用之有节

妈只是嘴上答应着，回到家中未曾对薇薇提过只言片语。

高中的时候，有一阵子薇薇的身体抱恙，爸爸直接向学校请了几个月的假。待病情好转后，薇薇也没有去上学，而是旅游去了。回来后，爸爸给她请了各个学科的私人教师，为薇薇补习，若非班主任催促薇薇回校，这种情况怕是要持续到高考。

前年，薇薇离开了大学校园，正式步入社会。薇薇的爸爸不忍心看薇薇面试四处碰壁，也担心孩子找不到好工作，便继续找人帮忙给孩子安排了一份稳定的工作。没做几天，薇薇就觉得索然无味，和爸爸妈妈说完后便辞职了。没办法，他们只得为女儿找其他差事，谁知仍然不合女儿的胃口。就这样经历了几次离职之后，薇薇决定自己去找工作。哪知道，走到哪里都没有人录用她，面试时候的答非所问和几乎为零的临场应变能力使得拿着一张漂亮简历的薇薇就是没有办法突出重围。

现在，薇薇每天在家过着"吃完睡，睡完吃"的生活，爸爸妈妈希望她可以"调整状态"，可是薇薇似乎已经意识到自己就是因为没有足够的能力，所以走到哪里都要被淘汰，她不再向往那种无忧无虑的生活，甚至有些厌烦过去的自己……

案例中，薇薇的爸爸妈妈想以自己的力量安排女儿的人生，给她最舒适的生活。可是社会在发展，人类在进步，没有什么东西是一成不变的，相信就算薇薇不从工作单位辞职，那么较低的个人素质也会使她日后的工作举步维艰。

**别跟孩子哭穷，
别让孩子炫富**

家长对孩子的爱要把握好尺度，不能全面覆盖孩子的生活，如此骄纵之下，孩子注定在成长路上一无所获。当孩子的生活膨胀到家长的力量难以覆盖时，双方都将陷入绝望，之后惋惜、悔恨都是无法解决问题的。

◆艰难困苦，玉汝于成

每一个孩子都有自己的成长之路要走，路上纵使荆棘丛生，也不该由家长披荆斩棘。相较于被家长一路呵护而来的孩子，经历过越多苦难成长起来的孩子，就具备越强大的个人素质，在当今社会愈发残酷的竞争当中就越容易脱颖而出。学会给孩子一个挑战自我的机会，不要让他们成为经不起风吹雨淋的"温室花朵"。

孙强经营着一家规模不小的中型企业，公司盈利年复一年地增长，前景一片光明。他的儿子今年要大学毕业了，签了一家知名的跨国贸易公司，孙强考虑磨炼他一段时间，然后再考虑接班的问题，当然一切也要看孩子自己的意愿。

提起自己的儿子，孙强就掩饰不住地骄傲，不仅是因为儿子优秀的个人能力，更是因为其坚韧的心智。孙强的创业之路始于白手起家，他从身无分文到如今身家几亿，全凭借自己一身不服输的精神。所以在儿子年纪尚小的时候，他就决定让孩子早早接触生活中的挫折与磨炼。为此，虽然妻子工作也很忙碌，但是他坚决不请保姆，让儿子自己负责力所能及的家务。生活上，除了每周固定数额的零花钱之外，他坚决不多给儿子一分钱；儿子的日常用品也都是大众品牌，没有特立独行。在课余闲暇时，孙强还会和妻子抽空带儿子出门散心,他们不会去游乐园之类的地方,而是带着儿子去登山、去郊游等。

长期坚持的效果无疑是显著的,儿子拥有了自立自强的品质,无论是学习上遇到不会的问题,还是生活中被难以解决的困难阻碍,他的第一想法都是通过自己的冷静思考寻求方法和出路,而大多数同龄人一般只会寻求爸爸妈妈的帮助。

儿子前不久还对孙强讲过,自己想在年轻时多出去闯荡闯荡,所以不希望去公司就职。于是,他去应聘了一家比较看好的跨国公司,父亲对其大加赞赏,并表示支持孩子的决定。

案例中,孙强教育孩子的方式值得家长学习。孙强是爱儿子的,但是他没有因为自己对孩子的爱就溺爱孩子,而是选择让孩子独立成长。

对孩子的爱不是家长对孩子百依百顺的借口,优越的家庭条件更不可能成为家长为孩子提供自立自强成长环境的阻碍。真正的爱是信任,不是束缚,给孩子一片更广阔的天空而非襁褓,让孩子凭借自己的能力尽情翱翔。

**别跟孩子哭穷，**
**别让孩子炫富**

# 告诉孩子：要节俭，但不可以吝啬

节俭是一种良好的生活习惯，是值得每个人学习和传承的优良美德。但如果不懂得把握节俭生活的深浅，而是盲目追求减少一切开销，虽然可以省下很多钱，但失去的往往是与节省下来的钱无法相提并论的东西。

小段参加工作已经快 10 年了，职场上的他工作兢兢业业，很有上进心，经常为了抓紧完成项目而加班加点；生活中他也有一众好友，其中很多都是同事，闲暇时经常聚到一起休闲娱乐。别看现在的小段"左右逢源"，曾经的他也是被大家疏远的人，这是怎么回事呢？

原来，刚刚毕业参加工作那会儿，小段是个特别爱斤斤计较的人，他的"抠门"在整个部门和交际圈都十分有名，认识他的人都叫他"铁公鸡"。小段的家庭条件并不是多么好，从小就过着节衣缩食的日子，长期这样的生活练就了他一身节约开支的本事，当然无形当中也使他变得越发抠门。在刚刚工作的那几年，小段为了尽可能地多攒些钱，不仅将自己生活上的开销降到了最低，还不放过任何贪小便宜的机会——有事没事就去同事那蹭饭、团体活动但凡是需要自己花钱的都找借口推脱、公共卡位的日常用品一到需要更换就躲避一阵……这样一桩桩、一件件的琐事虽然让他省下了钱，但也都或多或少地被同事们看在眼里。大家开始的时候也没有多想，但是久而久之，就慢慢疏远了他，无论是工作上还是生活中，愿意和他交流的人越来越少，到最后，小段感觉全世界都抛弃了自己。

终于，小段意识到自己的生活方式存在巨大的问题，他觉得为了那些蝇头小利而让自己被其他同事嫌弃是一种很不明智的做法，就算能获得收益，可代价是要孤独到连一个能说话的人都没有，那也是他无法承受的。于是，他决定改变。他开始主动找同事交流，周末经常和同组的人约饭，遇到工作绩效好、拿到奖金的时候，还会请他们吃大餐。同事们开始对小段这种翻天覆地的态度半信半疑，但是经过了一段时间之后，大家发现小段是真心地想和大家继续和睦相处。于是也就放下了之前的芥蒂，将他纳入了朋友圈。

案例中，小段在认识到拥有更多的朋友比通过一毛不拔的生活获得利益更重要之后，他毅然决然地放弃了之前的吝啬生活，转身投入到同事的生活圈中，完成了自己生活交友的逆袭。

## 别跟孩子哭穷，
## 别让孩子炫富

面对艰难的生活，节约开支固然重要，但不可以唯利是图，守着财富孤独终老是每一个人都会拒绝的生活方式。用健康阳光、积极向上的心去真诚地对待朋友，朋友才会敞开心扉接纳你，否则漫漫长路，留给你的终将是独自前行。

◆别因家庭条件忽视了孩子的教育

因为家庭条件并不是十分优越，有些家长在日常生活中会过得十分拮据，这就不可避免地影响到孩子，这种情况下对孩子的正确引导就十分重要。不自觉甚至是刻意地将吝啬的心理和生活方式传达给孩子的行为，都是非常愚蠢的，它会让你的孩子产生自卑心理，同时被其他小伙伴孤立。

小李夫妇最近几年的生活十分不如意，他们通过贷款购房之后，家里的经济状况一直徘徊在收支平衡的边缘，二人只得更加努力地工作和节约开销来争取存下更多的钱。妻子在生活上一直是个精打细算的居家能手，这点苦倒也吃得消，二人只是觉得有些对不起儿子。

这天，儿子的班主任在期中考试后的家长会结束后，单独找到了小李夫妇，希望可以就孩子近阶段的表现与二人聊聊。原来，班主任通过近一阶段的观察发现，小李的儿子经常形单影只，下了课也不和同学玩，只是自己在座位上，这让老师很担心孩子是不是有些自闭倾向，所以希望小李夫妇对此事予以重视和关注。

听了班主任的话，夫妻俩都很惊讶，儿子是个活泼开朗的孩子啊，之前总是和小伙伴一起疯闹，朋友也很多，怎么可能会有自闭倾向呢？二人心情沉重地回到家后，便与儿子进行了这方面的交流，儿子才道清原委。原来，因为生活拮据，儿子多多少少也能感觉得到，所以在零食、玩具方面从未向他们提出任何要求，这就导致他在和小伙伴一起玩的时候只能蹭别人的玩具，一起买零食的时候也都是别的小伙伴分给他，他没有什么能分享给别人的。久而久之，大家都觉得儿子太抠门了，愿意和他玩的人越来越少，他自己也就不再想结交新的小伙伴了。

听着儿子的叙述，夫妻俩一阵心酸，想到孩子因为家里经济状况不好从来不要什么零花钱，却因此失去了周围的玩伴；想到自己平时忙着补贴家用，根本抽不出一点儿时间去关心儿子，二人不禁陷入深深的懊悔当中……

案例中，小李夫妇忙于维持生活而忽略了对孩子的教育，让孩子在拮据的家庭生活的压力下，不自觉地养成了吝啬的毛病，失去了周围的小伙伴。

家长在艰难维持生计的同时，一定不能忽略对孩子的教育。在家庭生活开支中，孩子需要花费的除了日常所需之外，还要有一些可以让他自己自由支配的钱，用于自己和小伙伴的娱乐当中。

◆能省钱，更要会分享

家长除了要教育孩子生活上学会节俭外，还要让孩子懂得分享。虽然节俭能省下钱财，但是分享可以收获更多的友谊。前者固然重要，但后者

**别跟孩子哭穷，
别让孩子炫富**

才是人生中何时何地都不可缺失的重要组成部分。

  李强生在一个普通家庭，爸爸妈妈每个月的收入除去贴补家用之外就所剩无几，不过好在一家人和和睦睦，过得很幸福。

  小时候，李强的爸爸妈妈就教育李强，要懂得节俭才能留住财富，无论是零食还是玩具，李强从来都是只选一份，不会央求爸爸妈妈给他多买。当然更重要的还是，爸爸妈妈教育他在和小伙伴一起玩耍时，绝对不能因为吝啬而舍不得分享，那样的话大家都会远离他。因此，李强买了好吃的，会和朋友们一起吃；有了新的玩具，也会拿出来和小伙伴们一起玩。因为李强的"豪爽"，大家都很喜欢和他玩，无论是邻里的玩伴还是在学校的同学当中，李强的人缘都是最好的。大人们也都对李强赞不绝口，每次见到李强的爸爸妈妈都十分羡慕他们夫妻俩能教育出这么优秀的孩子。每到此时，夫妻二人总是一边谦虚地回应，一边笑得合不拢嘴。

案例中，虽然李强的家庭条件很一般，但是他的爸爸妈妈在教会他节俭生活的同时，也教会了他与人相处的方式。虽然节俭，但不吝啬；懂得省钱，也知道钱应该花在哪里。李强的爸爸妈妈不仅让他知道了生活的技巧，也让他学会了处世之道。

贫穷与富贵，都是自己的事情，不会影响与朋友间的相处原则。任何时候，生活上的拮据都不该成为你一毛不拔的理由，处世如此，教育后代亦当如此。

第五章

# 重视财商教育,树立正确的金钱观

**别跟孩子哭穷，**
**别让孩子炫富**

# 关于财商教育，你了解多少

中国有句老话：君子喻于义，小人喻于利。可能是受这句话影响，家长对于孩子的教育更偏向于学习方面，理财这门学问，在大多数家长看来就是挣钱和攒钱。

近些年来，随着理财、金融管理专业的设立，人们逐渐意识到了财商的重要性。以发展的眼光来看，对于智商、情商而言，财商显得越发高深莫测。知识改变命运，拥有好的财商可以从根本上改变生活质量，对于家长而言，要培养出高财商的孩子，首先自身要有一定的本领，那么您对财商了解多少呢？

简而言之，财商是一个人认识金钱和驾驭金钱的能力，是理财的智慧，包含两层含义：其一是正确认识金钱；其二是正确使用金钱。其核心就是掌钱能力、赚钱能力、财富知识。

◆高财商从如何掌钱开始

当孩子认得钱，能分清面值时，家长可以给他少量的钱，不要让孩子感到拥有钱是遥不可及的事。

每到过年，胡胡最开心的事就是有压岁钱拿，那时可算是吃、喝一应俱全。同时胡胡还会偷偷地跑到超市，一顿胡花，因为过不了几天，妈妈就会把胡胡手里的压岁钱没收了。可是今年奇怪了，元宵节都过完了，妈妈还没向胡胡要，难道是妈妈忘记了？

过了几天，妈妈把胡胡叫到身边说："儿子，今年的压岁钱你自己保管吧，但妈妈要和你定下几条规则哟。"胡胡一听开心得不得了，连忙点头答应。

妈妈见状，便接着说："一是你每周的标准花销是15元；二是每周要核对账目，如果每周的花销都能在标准范围内，下周会涨1元；三是零花钱的20%将用于储蓄；四是每项支出都必须清楚、确切地记录；五是未经过爸爸妈妈的同意，你不可以购买商品，并向爸爸妈妈要钱。可以吗？"

胡胡点头答应，对于这几项规则他充满了好奇，盼着立马行动起来。同时，胡胡好奇地问妈妈："妈妈，这些规则是你自己想出来的吗？"妈妈微微一笑说："妈妈最近参加了一个关于财商教育的培训班，妈妈也要好好学习，用科学的方法培养你的财商，让你长大后能生活得更好。"

相信没收孩子的压岁钱是很多家长都做过的事，并且没收前还会说："你还小，兜里不能有太多钱，有了钱也会胡乱花掉，放妈妈这，妈妈给你攒着。"

事实上,这样做存在很多弊端:首先是会养成孩子花钱就要伸手要钱的习惯,且有了钱立马就花掉,对消费没有基本的规划意识;其次就是剥夺了孩子处理零花钱的权利。孩子的掌钱能力和学走步一样,并不会一蹴而就,都要一点一点地练习。要是等孩子成年后,一下子把几万元转给孩子,他能掌得好吗?家长应该锻炼孩子的掌钱能力,先从让孩子学会管理零花钱开始。

◆ 高财商的重点是能赚到钱

能赚钱是人们生存的基础,除了孩子应该学会的技能,家长在孩子小的时候就有义务让孩子了解如何赚钱,并从获取收入的过程中,了解到财富流转的规则。

紫萱的爸爸经常到国外出差,与国外的同事交流时,他能强烈感受到国外孩子独立自主的挣钱能力,这对他影响颇深。在对紫萱的教育中,爸爸也开始了"财商"教育。

在做家务的过程中,爸爸都会清楚地划分出做哪部分工作能挣到多少钱,慢慢地让紫萱搞懂了赚钱的规则。一天,紫萱回来和爸爸说:"爸爸,我想把自己已经读过的书籍、杂志带到学校里,和同学一起开个小型的二手书书摊。"爸爸听后,欣然答应了,并说很愿意帮忙。

一天的活动结束了,紫萱筋疲力尽地回到家,但脸上却看不到丝毫的疲倦。见到爸爸后,她滔滔不绝地说了今天活动的过程

第五章
重视财商教育，树立正确的金钱观

与收获，最后还用挣到的钱买了不少其他小伙伴的旧书。

案例中，紫萱爸爸通过生活中对紫萱的锻炼，让紫萱对挣钱有了自己的小见解，并在劳动中知道回报与付出的比例。小时候经历的这些，相信将会给紫萱的未来带来一定的精神和物质财富。

◆高财商的关键是理好手里的财

当孩子对花钱和赚钱的尺度有一定认识时，家长可以试着带孩子做些简单的投资理财。

晶晶妈妈不仅自己是个理财通，还拉着女儿一起理财。晶晶5岁时，妈妈就带着她一起去银行，那时妈妈说的理财晶晶也听不懂；8岁时，妈妈就为晶晶开通了儿童储蓄账户，每次去银行母女俩都是各忙各的。在妈妈的带动下，12岁的晶晶不仅把自己的小账户打理得清楚利落，有时间还会给同学们科普相关的理财常识。

晶晶15岁时，妈妈就给她开通了投资基金账户，并利用学习的空闲时间给晶晶普及投资知识。现在的晶晶基本都是自己在电脑前看基金的净值，且对多个基金的发展情况有自己的见解。

最近晶晶和妈妈商量着，要多放些钱到基金账户里，争取到18岁时，账户里的钱能够支付她的大学费用。

晶晶从小在妈妈的言传身教下，对投资有了基本的认知，并拥有了自己的小金库，掌管着基金账户里的小钱。相比于很多家长为孩子开了账户，但存款、取款业务都是由父母包揽的情形，

**别跟孩子哭穷，**
**别让孩子炫富**

这点使晶晶在财商教育的起跑线上赢了很多小伙伴。

股神巴菲特曾多次在公开场合提及财商教育。

有一次，媒体记者问股神巴菲特："您认为孩子几岁时，父母就可以跟他们讲金钱和投资？"

巴菲特回答："越早越好。比如让他们知道玩具的价格，理解存钱的意义。既然孩子的生活离不开金钱，为什么不尽早培养他们良好的理财习惯呢？我很感激我的父亲，我幼时从他身上学到了如何拥有正确的金钱观，存钱是他教我的非常重要的课程。"

今时今日，巴菲特取得了巨大成功，他历经金融风雨，眼光精准、心无旁骛，都有赖于父母从小对他财商意识的培养。

多数家长都期望孩子以后健康、快乐地生活，但如果能培养孩子的财商意识，它将会为您孩子健康、富有的生活保驾护航。

第五章
重视财商教育，树立正确的金钱观

# 财商教育是家庭教育的重要组成部分

家庭教育对一个人的后天成长有着重要的影响，良好的家庭教育会帮助孩子塑造正确的三观和品性，并提升生活的幸福感和成就感；不良的家庭教育对孩子的人生伤害是深远的，不管是在健全人格的养成还是日后的生活状态和品质方面。

财商教育是家庭教育的一个重要方面，孩子的经济基础都是由家庭提供的，家庭对造就孩子的金钱观、财富观起到了关键的作用。

财商教育不仅仅关乎金钱，更关乎如何明确理想并一步步接近它。在这个过程中，孩子能学会独立思考，学会积极进取，学会如何创造性地解决问题。如果能让孩子有为自己梦想买单的能力，就可以让孩子受益终生！

当今众多家长在教育孩子时注重对智商和情商的培养，却忽略了影响孩子日后经济生活的财商教育。

### 别跟孩子哭穷，
### 别让孩子炫富

琳琳打小就是家人、朋友眼里的好孩子，爱学习、成绩好、乖巧懂事。为了不让琳琳分心，尽管家里条件一般，琳琳提出的要求，爸爸妈妈还是尽力满足，对于钱方面的问题很少和琳琳提。一路在爸爸妈妈的"保驾护航"下，琳琳考上了理想的大学。上了大学以后，爸爸妈妈照顾不到琳琳的生活起居，很多事都需要琳琳自己拿主意了，在一些同学眼里学习很难，但在琳琳看来，自己拿主意怎样花钱更难。

一天，舍友给同宿舍的每个人都发了一张名片，介绍如何办理校园贷款。借着这个话题，宿舍的同学就讨论起了校园贷。舍友说，她认识的那位师姐也办了校园贷，在平台上既可以贷款，也可以做投资，且手续简单，利息也不高，上大学这几年不仅没用家里的钱，还挣了不少钱呢。舍友这么一说，同宿舍很多人的心都活了起来。

这些年琳琳只负责学习，虽然从不担心钱的问题，但也知道家里条件一般，乖巧懂事的琳琳很想为爸爸妈妈分忧。想了好久，琳琳拨通了名片上的电话，很快就拿到了5000元钱。前两个月还好，每月没有多少利息，在上面做任务还可以挣到钱，琳琳开心不已。可第三个月一看账单，琳琳呆了，杂七杂八的手续费、管理费加上每天的利息就有50多元，如果不还款就会影响个人信用。

琳琳被吓住了，她只能求助爸爸妈妈，爸爸妈妈知道后赶紧拿了1万元让琳琳把贷款都还清，但系统显示不能一次付清。无奈之下爸爸妈妈报了警，在警察的帮助下，琳琳才被解救了出来。

到这时，爸爸妈妈才意识到财商教育对孩子也很重要。

案例中，琳琳被骗后，爸爸妈妈才意识到对琳琳的家庭教育是不完整的。财商教育的缺失，让琳琳缺乏对金钱的认知，在后天的独立生活中，不仅对花钱、挣钱没有明确的认识，更缺乏正确的消费观和风险意识。

有一本书中曾说：如果你不及时教孩子金钱的知识，那么将来就会有人取代你。比如债主、奸商、警方，甚至骗子，让这些人来替你对孩子进行财商教育，此时你和孩子就需要付出很大的代价。

在家庭教育中，教孩子正确认识财富、培养孩子的理财能力、唤醒孩子休眠的理财天赋、开启孩子创造财富的潜能，对孩子日后的成长大有裨益。

◆ 让智商、情商、财商同步而行

当下很多家长对于孩子的教育都偏向智商、情商的培养，其实财商的教育也不容忽视，应该让智商、情商、财商三方面的教育同步而行。

一天，彤彤妈妈接完彤彤的电话，脸上掩饰不住喜悦与自豪。因为刚刚彤彤在电话里感谢了妈妈从小对她财商的培养，让她不仅每月的零用钱够花，还有部分余钱做投资。

彤彤妈妈是一名理财规划师，因为自身职业的关系，妈妈早早就意识到财商教育在家庭教育中的重要性，以及对于孩子日后生活的影响。彤彤小的时候，妈妈就对她的财商教育分外上心。彤彤8岁时，妈妈就让她自己掌管压岁钱，也早早地让彤彤明白

**别跟孩子哭穷，**
**别让孩子炫富**

钱生钱的道理。家里的各种理财投资，彤彤都熟知一二，高考之后，妈妈就和彤彤一起选定了一只股票，交给彤彤自己打理。

在妈妈的一路带动下，彤彤花钱有了节制，对理财投资也慢慢入门。

案例中，彤彤对妈妈的感激之情溢于言表，感激妈妈从小对她的财商的培养。妈妈的出发点是让孩子对金钱有驾驭能力，让日后的经济生活有保障，无意中却也塑造了彤彤的多重思维方式，提升了彤彤的生活品质。

如果说智商可以帮助我们站在更高的地方，情商能开辟更多的道路，那么财商则会给我们带来更多的选择机会和更坚实的生活基础。越早开启孩子的财商教育，对孩子越有积极意义。

◆ **财商教育缺失令人烦恼重重**

发着同样的工资，吃住都一样，为什么身边有人能攒钱，有人却还要家里帮助？要防患于未然，孩子从小的财商教育一定要到位。

爸爸妈妈因为工作关系，经常要出差，便把小璐留在姥姥家，由姥姥看管。每次爸爸妈妈回来看小璐，就会买一些好吃的、好玩的、好衣服，等小璐再大一点时，便直接给小璐零花钱，并且每次走之前还嘱咐说："钱不够花就给妈妈打电话，不要亏着自己。"在爸爸妈妈看来，现在的辛苦就是为了给小璐更好的生活，让小璐吃好的、用好的、上好学校。而小璐也慢慢认为有钱就花，没钱再向爸爸妈妈要，就从来没想过挣钱的不易，

第五章
重视财商教育，树立正确的金钱观

更想不到去攒钱。

大学毕业，小璐出来工作了，自己赚钱了，但她的花钱模式还一样，想要的东西就去买，工资花光了，还有爸爸妈妈。大学毕业3年了，工资一路增长，却唯独不见钱包鼓。

过年期间，大学同学聚会，同学们都聊起了各自的生活。小璐发现，有的同学自己都能供一套房子了，有的男同学已经成为一家店的顶梁柱。再看自己，还像是长不大的孩子，之前是"月光族"，现在又变成了"啃老族"，一比较，小璐对自己的状况很是懊恼。

案例中，在小璐毕业几年工资不断增长的情况下，她还依旧是"月光族"和"啃老族"，很显然，这与小璐爸爸妈妈在小时候对小璐的家庭教育有直接关系。爸爸妈妈把自认为最好的都给了小璐，没钱了就要，在爸爸妈妈眼里这是宠爱，但这种没有边界的宠爱，让小璐成年后还依然像个"象牙塔里的孩子"，花钱没计划。

"月光族"是当下众多年轻人的标签，很多大学生毕业刚出来找工作，向家长伸手要钱，钱不够花无可争议。但工作几年后，如果你依然每月都花光，就需要进行自我反思。

在家庭教育中，财商教育这一板块不容忽视，高质量的财商教育对一个人的经济生活有着巨大的影响力。如果孩子长大后没有劳动观念，没有经济头脑，不知道如何赚钱，不懂得合理节约，在激烈的商品竞争和人才竞争的社会里，安身立命、成家立业都成问题，又何谈为社会做贡献呢？

**别跟孩子哭穷，**
**别让孩子炫富**

# 低财商正在毁掉孩子的幸福

近年来，孩子乱花钱、花钱无度的现象比比皆是：16 岁少年偷钱打赏女主播 40 万元；7 岁孩子玩游戏一月充值 3 万多元……

据腾讯数据显示，现在孩子的平均零花钱过万，但 52% 的孩子不知道怎么管理。中国孩子的普遍情况就是：有钱不会花、没钱偷着花、不知哪里花，不知花哪里。

这些乱花钱的现象令家长很着急，但更令人焦灼的是如果家长前期对孩子的财商教育不到位或者不正确，孩子在后天经济陷入困境后，很容易一蹶不振。家长的财商教育既要教会孩子怎样理财，更有责任让孩子意识到理财可能遇到的问题，防患于未然。千万不要让低财商毁了孩子的幸福。

丽丽的爸爸妈妈都是工薪阶层，但对丽丽的教育却格外上心，丽丽从小用的、吃的、上的学校都是最好的，家里收入的一半都花在了丽丽身上。终于丽丽学业有成，可以挣钱了，丽丽的爸爸

## 第五章
### 重视财商教育，树立正确的金钱观

妈妈也算是松了口气。说来丽丽也争气，上学时学习好，工作时业绩好，刚出校门工资就1万多，爸爸妈妈满是欣慰。

工作3个月了，五一假期回家，爸爸妈妈忍不住问丽丽一个月能存多少钱。谁知，丽丽说："哪里能存钱，这都不够花呢。"妈妈一想也是，刚上班哪里都要用到钱，也就没再多说什么。

转眼过年了，丽丽回家，妈妈又忍不住问道："丽丽，现在银行卡里几位数字了？"丽丽满不在乎地说："两位数。"这个回答让妈妈愕然："怎么会，自打上次回来到现在都9个月过去了，没存一分钱？看你也没穿什么名牌，用的也不是太好，一个人也没啥开销，钱都花哪去了？"丽丽赞同地说："是呀，每个月到月底还要借钱花，信用卡还透支了几张呢，都怪你，上学时你告诉我不要苦着自己，想买什么就买什么，现在我就是有钱就花，花完再想办法呗。"

丽丽的话让妈妈感到很委屈，没想到丽丽不攒钱是自己告诉她的，自己都觉得矛盾。以前上学时不想孩子受苦，让孩子想买什么买什么，现在孩子工作了，怎么就变成随便花了？是自己错了吗？

案例中，丽丽妈妈疼爱孩子没有错，但是忽略了对丽丽财商的培养，导致丽丽长大后也不知道怎么攒钱。从小到大丽丽就对钱没什么概念，长大自己挣钱了也还是一副无所谓的态度。因为妈妈从小灌输给她的思想就是有钱就花，没钱就挣，根本意识不到用钱生钱，所以生活品

121

**别跟孩子哭穷，
别让孩子炫富**

质就提升不了。

财商教育直接影响着一个孩子日后生活的好与坏，决定着孩子的幸福程度。家长是孩子的第一任老师，在家庭教育中，家长是孩子的主导者，但家长本身具备一定的财商吗？所以财商教育从自身做起，才能更好地教育孩子。

◆一味节俭不能理好财

在对孩子的财商教育中，身为家长要经常自我反省，反省自己本身是否具有一定的财商。如果意识到自身的财商不高，停止对孩子的财商教育也是对孩子的一种保护。

王波的爸爸生在20世纪70年代，一个物资匮乏的年代。所以爸爸从小就养成了省吃俭用的习惯。他一路从农村走到城市，在他的观念中唯有勤俭才能致富，慢慢地他从对自己节俭，到对身边的人也一样节俭。改革开放以后，生活富裕起来，但爸爸的生活习惯并没有因此改变，只是把辛辛苦苦节省的钱放到银行吃利息。多年过去了，日子过得没有多大起色。

爸爸对于王波的教育也一样，从小王波就比其他孩子节俭，花钱要节俭，用的、吃的都要节俭。孩子才12岁，就和爸爸一样整天把"省钱"挂在嘴上，亲戚朋友都开始说，王波是第二个他爸爸。

王波上大学后没多久，大家都开始疏远他，和王波打过交道的同学说，王波爱斤斤计较，不仅在钱上锱铢必较，平时的小事

第五章
重视财商教育，树立正确的金钱观

也要分个清楚明白。

案例中，王波爸爸的理财经首先是要节流，却忽略了开源，他把攒下来的钱放到银行，挣利息，很显然这样并没有改善生活状况。对于王波的财商教育也一样，省钱、攒钱、存钱，在后天成长中，并没有改善王波的经济情况，而且已经严重影响到了王波的生活。生活上王波的节俭，导致了他性格上爱斤斤计较，殊不知，这让王波遭到同学的疏离。过度节俭的意识正在悄悄毁掉王波的幸福。

勤俭节约是中华民族的传统美德，但过度节俭可能会让孩子丢掉幸福。在家庭教育中，家长应该持有一颗时时学习、时刻进步的心，生长年代不一样，家长就不能以一贯的教育方式对孩子进行教育，低财商的教育方式会让孩子日后的幸福生活大打折扣。

◆怨天尤人只会让你离钱越来越远

抱怨是一剂毒药，生活中爱抱怨的人只会让自己被孤立，同样，在投资理财中抱怨，也只会让你的财运越来越差。

陈冰和刘鸣一起玩股票，但是上大学后联系少了，也就各玩各的。一天，陈冰在校门口遇见刘鸣，看到他从一辆车的驾驶座位上下来。一问才知道，原来这段时间刘鸣买的那只股票一路涨，小收益了一把，就用余钱买了一辆车。"厉害呀。"陈冰嘴上说着，心里却有不甘。

"你手里那只股票怎么样了？"刘鸣问。

**别跟孩子哭穷，**
**别让孩子炫富**

"还好吧，变动不大。"陈冰漫不经心地说着。

事实上，因为前段时间打理不善，有只股票赔了不少呢，这一比较，更让陈冰心有不甘。回到宿舍，陈冰看了下电脑，依然没啥变动，气恼地摔了下键盘，倒头睡觉去了。

自从看到刘鸣的车，陈冰就像变了个人，嘴里不是说这个人幸运，就是说自己的不幸。他整天抱怨，对投资越来越不上心，今天跌了就是倒霉，明天涨了就是好运。慢慢地，他整个人都消极了，每天眼神呆滞、神情游离，看周围的事物越来越不顺眼。不仅理财做得越来越差，还影响到了学业。

案例中，当陈冰看到刘鸣的收益后，不是想着怎样进步、自我反省，而是开始抱怨，想着别人的成功是靠运气得来的，不思进取，只是一味地消沉。如果陈冰任由这种心态发展下去，不仅毒害了自己，也会影响到周围人。

家长在对孩子进行财商教育的过程中，一定要打好预防针，时常告诫孩子失败是常有的事，不能因为一时的不顺而就此颓废、消极下去，要对失败有正确的认识。学会从失败中总结经验，吸取教训，才能够为以后的投资做好铺垫。

对孩子的财商教育，家长既要引导孩子做正确的理财投资，也要让孩子知道理财之路并不是一帆风顺的，才会让孩子在日后的理财路上有所收获。

第五章
重视财商教育，树立正确的金钱观

# 给孩子灌输"君子爱财，取之有道"的财富观

财富是人们拥有高品质生活的保证，拥有一定的财富才能去想去的地方，过自己想要的生活。财富的获取方式没有标准的答案，却有对错之分。

《论语·里仁篇》曾讲到，子曰："富与贵，是人之所欲也；不以其道得之，不处也。"意思是说：富和贵是人想要的，但是如果不是用正当的手段得到它，君子不会接受。

无论古今，对于钱财都要以君子的方式来取得，"君子爱财，取之有道"的"道"，就是正道、合法，深究起来，就是也要合乎道德。

在孩子的财商教育中，越早让孩子认识到"君子爱财，取之有道"的道理，对孩子日后树立正确的金钱观帮助越大。

晚饭后，永强坐在儿子旁边，看儿子认真地写作业，满是欣慰。

儿子回头问爸爸："爸爸，'君子爱财，取之有道'是什么意思呀？"

**别跟孩子哭穷，**
**别让孩子炫富**

爸爸想了想说："我给你讲个我小时候的故事吧。"

"小时候，我家住在石油厂附近。石油厂里有很多铁物件，很多家长就告诉孩子：去捡几个铁东西回来卖钱。说是捡，其实就是偷。但很多家长认为：反正是小孩，抓到了也不能拿你怎样。

"看着院子里的孩子们都这样，我也跟着去'捡'了几个。当拿回家像其他小朋友一样到爸爸跟前炫耀时，等着我的不是夸奖，而是一顿棍棒。我爸爸把我拽到堂屋，让我跪下：'君子爱财，取之有道，我们家从没偷过东西，如今……今天能偷一根铁棍，明天就能偷钱。'在我8岁那年，我挨了爸爸的第一次打，也是我这辈子唯一一次挨打。从那以后'君子爱财，取之有道'这句话，就刻进了我的骨子里。"

儿子听爸爸讲完后，深深地点头说："爸爸我知道了，我以后一定不会这样，一定要做个君子。"

小树不修不直溜，孩子还小的时候对于对与错没有明确的认知，当孩子思想有偏差时，家长要及时修正。在听了永强的说教后，永强儿子对于"君子爱财，取之有道"的认识也会像永强一样深刻。

仁道是安身立命的基础，生活的原则。无论是富贵还是贫穷，这都是做事的基础和原则，以孟子的话以一概之那就是"富贵不能淫，贫贱不能移"。

◆要让孩子明白小时偷针，长大偷金的道理

在孩子的成长过程中，心思一天一个样，家长要及时察觉孩子的思想

## 第五章
### 重视财商教育，树立正确的金钱观

变化。当发现孩子的思想或行为出现偏差时，要在第一时间予以纠正，这样孩子长大后才会对金钱有正确的认识。

一天，小金妈妈带着小金去超市买袜子，给小金买了两双，给自己买了两双，一共是四双袜子，结果回到家发现多拿了两双。这时，小金转了下眼珠子说："是超市阿姨赠送的吧？"妈妈想了想说："没有啊。"小金漫不经心地说："就两双袜子，咱家离超市还远，不用送回去了吧，超市那么大也没人知道。"

小金的话让妈妈很不开心，但妈妈并没有生气，而是想着趁此机会好好教育教育小金，让她纠正了爱贪小便宜的毛病。

"嗯，我看行。"妈妈故意配合小金说着，"那妈妈问你，如果下次到超市多拿了根金条，你是不是也会不以为意呢？"小金一下子红了脸，听妈妈这么说，小金感到十分羞愧。然后妈妈和她说了"小时偷针，长大偷金"的民间故事，慢慢把其中的道理告诉小金："如果妈妈这次应允了，下次你贪的就不是这点小便宜了。记住只要不是你的，就不能要，这是做人的基本原则，也是做人的底线。"

案例中，因为妈妈及时察觉小金思想的偏差，抓住机会以小见大，语重心长地和小金讲明白道理，相信以后再遇到这类事情，小金就知道做事应该坚守的底线了。

在生活中，家长应当时刻告诉孩子，要通过正当的方式获取财富和地

**别跟孩子哭穷，
别让孩子炫富**

位，这样不仅获得者本身受益，整个社会也跟着受益。

每个人对于钱财都趋之若鹜，但钱财要通过正确、合法的途径来获得，"君子爱财，取之有道"，通过怎样的"道"取得钱财很重要。

◆ 取财要从正道来

所谓"君子爱财，取之有道。"什么"道"？合法之道。说到底，也就是仁义之道——仁道。

杨轩出生于教师之家，爸爸妈妈都在大学教中文，耳濡目染下，杨轩对文学有了十分浓厚的兴趣。一家三口闲暇之余会讨论一些古典名著，杨轩对哪里认识不足，爸爸妈妈都会给他补充。平时他们还会把工作、学习中发生的小事拿来讨论。就像今天，杨轩学了《增广贤文》，其中有一句"君子爱财，取之有道"，杨轩就对其中的"道"很感兴趣，回到家就向爸爸妈妈请教何为道。

"肯定是正道。"妈妈说道。

"嗯？正道？"杨轩有些疑惑。

"快让你爸爸这位大学士来给你上堂课吧。"妈妈补充道。

爸爸则清了清嗓子一本正经地说："《增广贤文》曰：'君子爱财，取之有道；小人放利，不顾天理。'钱财，每个人都需要，每个人也都希望拥有。因为它是物质生活的一种体现，人们要改善生活，就必须获得钱财。但取财不可行不义之道，损他人、损国家、损社会，而利自己。然，何其正道？答曰：劳动致富，

## 第五章
### 重视财商教育，树立正确的金钱观

劳动发财。简单地说，'道'就是取得财富之路，'正道'就是有一定的准则，在符合社会伦理道德的前提下取得财富。也就是君子要明辨哪些钱该挣，哪些钱不该挣。"

杨轩冲爸爸作了一个揖，道："弟子受教了。"

爸爸哈哈大笑道："至于具体的原则、社会伦理道德且听下回分解。"

案例中，在杨轩一家三口的交流中，"何为道"变得越来越明晰了，爸爸对于道的解读，不仅让杨轩明白了获得钱财要通过正确的途径，更对其日后金钱观的树立有一定的影响。

纵观历史长河，总有一些人，被金钱蒙蔽了双眼，为了不义之财而疲于奔命，最终为后人所不齿。前事不忘，后事之师。不想历史重演，就要从小抓起，防微杜渐，在财富的获取上让孩子都能成为君子。

**别跟孩子哭穷，
别让孩子炫富**

# 塑造孩子正确的金钱观

　　钱有两副面孔：一面是天使，一面是魔鬼。当孩子对钱有了一定的认知，知道怎样赚钱，如何花钱，就要相信他不会乱花钱。但如果家长平时疏于对孩子灌输金钱的知识，遇到问题喜欢用钱摆平，没有消费计划，慢慢地孩子在花钱方面也会无度。甚至有些孩子懂事了对钱还一无所知，对家长而言是担心孩子被金钱腐蚀，但这样做不利于孩子金钱观的形成。

　　因此，家长在对孩子进行财商教育时，应注意帮助孩子形成正确的金钱观。

　　◆让孩子知道钱是如何得来的

　　如果孩子明白钱是通过相应的劳动换来的，并不是随意扫码就能得来的，也不会挥霍。

　　子枫是2000年以后出生的孩子，是互联网时代的"原住民"，打懂事起所能接触到的事物都和互联网有关。打车、吃饭、买东西用微信、支付宝都能解决。

因为怕影响子枫学习，也不想子枫那么小就接触钱，平时爸爸妈妈谈工作、谈投资都避着子枫，慢慢子枫对钱也就没什么概念，只知道花爸爸妈妈给的钱很痛快。

一天，子枫嚷着要玩具，妈妈想等这个玩具过几天打折时再买，就顺嘴说："没钱。"子枫却轻松地说："你拿手机'扫一扫'就有钱了呀。"妈妈听后很惊讶，原来在孩子眼里，赚钱、花钱是如此轻松。

家长要想让孩子树立正确的金钱观，第一步就是让孩子明白钱是从哪来的。带孩子了解家长工作的内容，了解社会上的各个工种，对于孩子来说也是一种成长。

◆要引导孩子参与消费

给孩子讲如何花钱，不如让孩子自己去消费。在消费中，孩子不仅会意识到浪费是不对的，更会体会到家长挣钱的不易。

一年暑假，妈妈带着政豪回姥姥家，刚待了两天，姥爷就对女儿说："孩子不要太惯着了，吃东西挑三拣四的，这不喜欢吃，那不喜欢吃，不懂得珍惜食物，不知道任何东西得来不易，更体会不到挣钱的不易。"

姥爷生活在20世纪60年代，那时物质匮乏，所以现在一看

**别跟孩子哭穷，
别让孩子炫富**

到小孩子这样浪费，就浑身不自在。第二天早上，姥爷就把还在懒床的政豪拉起来，说："走呀，姥爷带你去个好玩的地方。"小孩子一听有好玩的，就乖乖跟着姥爷走了。俩人来到早市，姥爷说："政豪，你想吃什么，就去买，买完记好账就行。"政豪一听，这个差事很好呀，就开始行动了。这个看着好，买了；那个看着不错，也买了。半个小时下来，姥爷手里已经拎满了袋子，要不是姥爷提醒他该回家了，政豪估计还要再买一会儿。

回家把东西放好后，爷俩开始对账目，这一算，一早上俩人花了二百多元钱。算完这个账，姥爷问政豪："政豪，你知道你爸爸妈妈每天要工作多少小时，可以挣到多少钱吗？知道我们每天的花销吗？"听姥爷这样说，政豪开始在心里盘算了。吃中午饭时，妈妈总感觉这顿饭吃得很安静，少了什么呢？一细想，原来是没有了政豪的挑三拣四。

在妈妈看来，不告诉孩子这些是想好好保护孩子，为他创造良好的学习环境。但不成想，这样反而让孩子觉得挣钱很容易，不珍惜轻易得来的东西。

回家后，妈妈把发生在姥姥家的事告诉了爸爸，爸爸觉得这个方法很好，以后购物时只要爸爸妈妈时间充足，就会带着政豪，一些买东西的账目让政豪负责记录，每个月家里的账目总结也让政豪参与。

让孩子参与消费，并负责记账，这样孩子会将每类物品的价格都熟记于心。这件东西贵了，因为知道挣钱的不易，孩子就会经过仔细考量再决定要不要买。如果无意中买了无用的东西造成浪费，这对于培养孩子管理钱的能力也有所帮助。

◆ 在孩子面前不要"哭穷"不要"炫富"

家长给予孩子最好的财商教育是引导，适当让孩子知道家里的经济状况对培养孩子正确的金钱观大有帮助。如果不告诉孩子实际情况，或对孩子说一些过分的话语，如：给你买这个花了多少钱；咱家没钱了；或者是咱家有的是钱，想买啥就买啥等。这样对孩子的成长是不利的，会让孩子长大后对金钱要不就是握得太紧，要不就是看得太轻。

韩靖夫妻二人都是成功的律师，年收入颇丰。他们从宝宝出生起，就尽己所能为孩子创造好的环境。下班从学校接孩子回家，宝宝拉着妈妈的手问："妈妈，我们是不是很有钱呀？"妈妈听后温柔地说："不是我们很有钱，是爸爸妈妈有钱，你现在有的是我们对你的爱。因为爱你，所以给了你现在的一切，但是如果你想拥有自己的东西，就必须通过努力去获得。"

妈妈的话温柔却有力量，宝宝听了，或许现在还不能完全消化理解，但日后宝宝想要东西时，第一个想到的会是靠自己的努力去获得。

看宝宝似懂非懂的样子，韩靖对宝宝说起了自己的母亲："妈妈出生在农村，家里条件跟你现在比呀，简直就是一个在天上一个在地下，只因我爱学习，我的妈妈才全力支持我学习。上高中的时

## 别跟孩子哭穷，别让孩子炫富

候放假回家，妈妈去厨房里找吃的，找到的只有咸菜和馒头。我每次问我妈妈，我妈妈都会说：'你好好读书，你的书读好了，就是对我最大的安慰。'我妈妈知道我不乱花钱，每次要钱，我妈妈都会及时给我，不让我有思想负担。从小到大，当时家庭条件有限，但我感受到了妈妈对我满满的爱，而这份爱也是支撑我走出农村的力量。"

宝宝听了妈妈的故事，还不能悟到妈妈的用心良苦，但心里已被妈妈的爱占满了。

不在孩子面前"炫富"，也不能在孩子面前"哭穷"，家长在孩子成长过程中能给予正面的引导，对孩子来说就是一笔巨大的财富。

◆ **不要轻易打击孩子的自尊心**

当家长发现孩子有偷钱行为时，第一反应都很愤怒，随即对孩子非打即骂，殊不知这样会伤害孩子的自尊心。孩子的自尊心一旦受伤，在后天成长过程中很容易出现性格上的缺陷。

李琦最近很头疼，前段时间放在兜里的200元钱不见了，而昨天老公又说他钱包里的500元钱也不见了，两人百思不得其解。后来夫妻二人冷静思考，觉得应该是儿子拿走了。这件事怎么处理呢？李琦是做心理咨询的，她知道孩子肯定是哪里有问题才会偷拿家里的钱，但是儿子能有什么事呢？她的思绪很乱。

上班时，李琦和同事说了这件事，原来同事家的孩子也有过

第五章
重视财商教育，树立正确的金钱观

这种行为。后来同事告诉她，孩子偷钱的基本原因是没有零花钱，或是零花钱少；又或者是，孩子想买一些东西，家长不同意；有时偷钱也是为了得到家长的关注，故意偷钱来刺激他们。

李琦听后，心里一阵酸，开始反思最近与孩子的沟通、相处中自己失职的地方。回家后，看着儿子乖乖在写作业，便用轻松的语气说："儿子，晚上妈妈带你吃好吃的吧。"儿子爽快地答应了。吃饭间，李琦关切地问了孩子："最近零花钱够不够花？有没有想要的玩具？篮球鞋要不要买双新的？"李琦越细心地问，孩子的头埋得越低。饭没吃完，儿子就惭愧地向妈妈承认，前段时间从爸爸妈妈兜里偷着拿了钱。

李琦摸着儿子的头说："是妈妈对你关心不够，以后钱不够花，有问题要提前和妈妈说，如果你偷钱妈妈会很伤心的。"

儿子爽快地答应了，并和李琦击掌为盟。

"玉不琢不成器""孩子不打骂不容易成才"，很多家长在孩子犯错时不由分说地先骂一通、打一顿，粗暴地对待孩子，孩子不仅认识不到自己的错误所在，还有可能留下心里阴影，性格容易变得偏激。

当孩子出现偷钱等不良行为时，家长先要冷静下来，切记不可伤害孩子的自尊。要自我反思，对孩子的金钱教育是否到位，有没有给孩子讲明金钱的利害关系。同时，要经常问问孩子想要什么，万事要商量，让孩子明白"偷"是不对的。

孩子金钱观的树立不是一蹴而就的，在对孩子进行金钱教育的过程

**别跟孩子哭穷，
别让孩子炫富**

中，家长需要不断检讨自己的行为，对于出现的问题要及时修正。"你的样子就是孩子的样子"，让孩子认识到金钱美好的一面，也要让孩子认识到金钱罪恶的一面。

第六章

# 帮助孩子支配零花钱

**别跟孩子哭穷，
别让孩子炫富**

# 零花钱，给还是不给

随着经济的飞速发展，人们的生活水平越来越高。作为家长，可以给孩子提供的物质条件愈发优越，但有很多家长一直在纠结一个问题——到底应不应该给孩子零花钱？

家长纠结的点大都在于想给孩子零花钱，但又怕孩子没有足够的能力和自制力去支配。其实，这种顾虑是多余的。只要将给零花钱的周期和数量控制在合理范围内，同时从侧面了解孩子的开销并加以科学的引导教育，就可以彻底消除家长的后顾之忧。

安强的儿子今年读小学一年级了，这天晚饭过后，夫妻两人正在厨房忙着收拾呢，儿子跑过来说："爸爸妈妈，我想要零花钱，可不可以从下周开始给我零花钱啊？"此话一出，出乎他们的意料，儿子之前从没有讲过零花钱的事情，怎么今天突然就提出来了？安强问道："怎么了，儿子？怎么突然想要零花钱了？"

# 第六章
## 帮助孩子支配零花钱

儿子说:"班上所有小朋友都有零花钱,今天老师在活动课上还和我们讲了零花钱的使用呢,可是我并没有拿到零花钱。"

安强和妻子一听才恍然大悟,儿子已经上小学了,按理也应该从他们这里拿到零花钱,只是家里一直没提,所以他们就给忘到脑后了。话虽如此,但之前从来没有过自己花钱经验的小孩子突然拥有零花钱,难免会让夫妻二人有点担心。一阵眼神交流后,安强说:"儿子,你看这样好吗,爸爸妈妈这两天商量一下,周末告诉你,可以吗?"听完爸爸的话,儿子应了一声,乖乖回到自己的房间。

夜里,夫妻俩开始讨论究竟要不要给儿子零花钱。儿子从小就很乖,而且因为良好的家庭教育一直很懂事,可话虽如此,夫妻俩还是对存在的风险比较忌惮。要是因为手上有钱了,儿子逐渐迷恋上随意开销,自己又没有办法一直陪在他身边,那局面就不好挽回了。就这样纠结着,两人也没有讨论出什么实质性的结果,最终安强提议第二天到公司找家中有孩子的同事探讨一下,顺便借鉴一下经验。

第二天午休,安强找到了同事王虎"取经"。王虎的孩子今年已经读初中了,在听到安强的困惑之后,他耐心地讲道:"我觉得孩子的零花钱是一定要给的,我们家女儿的零花钱就是从小学开始给的。我知道你的担心,但是你要给孩子一个自己支配钱的机会啊!如果你一直不信任他,那他永远也长不大。开始的时候少给点,慢慢地,你发现孩子自己已经拥有足够的自制力,你

**别跟孩子哭穷，**
**别让孩子炫富**

再开始增加数额，这样你们也可以省心不少。"听了王虎的话，安强颇受触动，晚上回到家和妻子一阵交流过后，两人欣然接受了建议，决定从下周开始给儿子零花钱。

案例中，安强夫妇最开始对孩子是否能够合理利用零花钱的担忧是正常的，这同时也是许多家长共同的忧虑。但是经过两人的交流和向"育儿前辈"请教，两人发觉，想要孩子学会花钱，必须先给他花钱的机会，最终决定开始给孩子零花钱。

有些家长不希望孩子有零花钱，而是习惯于孩子需要什么就给孩子买，不让钱经过孩子的手。这样不是家长口中所谓的保护，而是让孩子与金钱离得越来越远，始终无法在心中形成对金钱的完整认知，长此以往，就算孩子成长起来，也会是一个"不会花钱的人"。只有放开双手，让孩子去探索去尝试，作为家长，在一旁加以建议和矫正，才可以真正让孩子学会如何花钱，合理花钱。

◆不要用溺爱代替零花钱

一些家长认为没有必要给孩子零花钱，"孩子想要什么就给他买，家里又不是没那个条件"。这样的做法和想法只能说对孩子的成长有百害而无一利，孩子会因此对个人财产的拥有和支配毫无概念，长此以往，孩子将在金钱使用上陷入迷茫。

圆圆马上要步入初中校园了，但她仍然不知道零花钱为何物。

这是为什么呢？原来，圆圆的爸爸妈妈从小到大从未给过她一分

## 第六章
### 帮助孩子支配零花钱

零花钱,甚至在她面前都没有提过"零花钱"这个概念。

圆圆家境优越,吃穿住行方面,爸爸妈妈都是为她择优。但是在零花钱的问题上,爸爸妈妈一致认为,小孩子对金钱没有什么概念,她想要什么我们就给她买什么,尽量不让钱经过她的手,这种事情等她长大了以后再接触比较好。抱着这样的想法,圆圆从儿时到现在,爸爸妈妈对她基本都是有求必应,她自己也没觉得哪里不好。

直到有一天,妈妈无意中发现圆圆在翻自己的钱包,只见她拿出两张一百元放在了自己的兜里!晚上,妈妈和爸爸商量后,两人来到了圆圆的房间。夫妻二人针对圆圆先前私自拿钱的行为对她进行思想教育的时候,发现圆圆依旧若无其事地玩着手机,更加让二人难过的是,圆圆竟然说:"哎呀,知道了,下次和你们说一声再拿,我想着都是家里的钱,拿就拿了呗,不愿意总是管你们要,怪麻烦的。"

听了圆圆的话,两人陷入了沉思。孩子怎么会有这种想法,难道是我们之前的教育方式不对?之前怎么没注意到她这种行为?她成了现在这样,是因为我们的娇惯吗?一连串的问号萦绕在他们的心头,久久不能散去……

案例中,圆圆的爸爸妈妈认为自家的家庭条件足以给圆圆优越的生活,同时孩子还小,没有必要过早地接触钱。这样的想法让他们在孩子的金钱教育方面毫无投入,也直接导致了孩子对个人财产没有任何概念,单纯地将自己与家庭融为一体，导致了毫不自知的"拿钱"行为。

家长一定要深刻认识到，一味地将金钱上的事与子女隔离开，只会让他们对"钱"的相关概念越来越模糊，会让他们眼中只有花钱和得到钱，从来不会考虑这些钱的归属问题。虽然家长对子女的爱超越了财产分割界限，但一个对财产没有足够清晰概念的人如何走向社会呢？相信这样的结果违背了家长因宠爱孩子而采取的各种行为的初衷。

◆给孩子自主支配个人财产的权力

无论家庭条件如何，家长都应该给孩子适当的零花钱，让孩子自己选择如何去消费。这样做的好处除了可以培养孩子自主支配钱财的能力外，还有一点不容忽视——随着长期适应零花钱的收入与支出，孩子对个人财产会有清晰的了解和较为系统的认知。

在小芳6岁生日那天，她从爸爸妈妈手中接过了自己的第一笔零花钱，虽然数目不大，但是能让小家伙开心好几天。转眼间，小芳已经踏入初中校园了，爸爸妈妈依旧会定期给她零花钱，当然数目与之前相比大了不少。

几年间，爸爸妈妈一直坚持按时给小芳零花钱，而且早在她6岁时，爸爸就曾对她说："小芳啊，从今天起，爸爸妈妈决定给你零花钱，因为你现在没什么特别大的开销，所以不会给你很多，等你以后长大了，我们再加量。"看着女儿高兴的神情，爸爸继续说："给你的钱完全由你自己支配，你想干吗就干吗，爸爸妈妈不会对你有过多的询问。但是你要知道，给你的零花钱就

第六章
帮助孩子支配零花钱

是你自己的财产了，你以后想吃什么、想买什么都要用你的储蓄罐，爸爸妈妈不会再给你买零食和玩具了，所以钱要怎么花全看你自己。"

正是因为最开始的教育，小芳慢慢学会了自己管理自己的储蓄罐。如果平时没有什么心仪的玩具，她就会买一些零食；当她想买稍微贵重一点的东西时，她会慢慢攒钱直到可以购买。就这样，小芳一点点学会自主使用零花钱，爸爸妈妈也就可以放心地给她更多的零花钱。

案例中，小芳的爸爸妈妈在她很小的时候就选择将零花钱交给她，由她自己对要购买的物品进行取舍。通过这种方式，小芳不仅能够在零花钱的支配上得心应手，同时因为自己的零食、玩具等消费都是由自己的零花钱承担，所以也加强了小芳对家庭财产中个人财产分配的意识。

家长不能因为孩子年少就觉得他们难以承担支配财产的风险，转而由自己来负责一切。应该尝试相信孩子，给孩子自主消费、理财的机会，同时在旁加以指导和帮助。这样一来，孩子在成长过程中会逐渐培养经济独立的意识，对长大以后独立生活、独立面对并解决生活中的各种问题也有极大的促进作用。

别跟孩子哭穷，
别让孩子炫富

# 准确衡量应该给孩子多少零花钱

在孩子的成长过程中，很多家长都能够意识到给孩子零花钱的重要性，但在给予孩子零花钱的过程中，给多少似乎是一个困扰他们的问题。给多了，怕孩子养成花钱大手大脚的习惯；给少了，又怕孩子不够开销。如此一来，就导致家长虽然坚持给孩子零花钱，但每次给完心里总是不踏实。

李明的女儿今年 10 岁了，从她 8 岁开始，李明就决定给女儿零花钱，让她有自己的"小财产"，顺便锻炼一下她自主花钱的能力。

这天，吃过晚饭后，女儿刚刚回到自己的房间不久，就又匆匆跑到他的房间，怯生生地说："爸爸，以后可不可以多给我一些零花钱，我感觉现在这些钱什么都买不了。"听过女儿的话，李明才想起来，以前他觉得孩子小，也不懂得花太多的钱，所以给女儿的零花钱不多。可是转眼之间，女儿已经长大了不少，自

第六章
帮助孩子支配零花钱

己仍然只给她几块钱的零花钱,肯定是不能满足她的消费需求了。看到女儿提出请求时的样子,"钱不够花"的时间应该已经不短了,女儿应该是想了好几次才鼓起勇气来和自己说的。

想到这,李明十分懊悔,怪自己平时没有给予女儿足够的关注,于是连忙说:"这事怪爸爸,之前觉得你还小,不能花太多的钱,零花钱也就给得少,可是一转眼,我们的小公主都长这么大了,零花钱肯定也要适当地多给一些啊。之前是爸爸粗心,忘记了这件事,以后坚决不会了。从明天开始,我就多给你一些零花钱,你觉得怎么样啊?"女儿听到爸爸这样说,一边点头,一边说:"谢谢爸爸。"

案例中,李明忽略了随着女儿长大而增加的消费,所以开始给多少零花钱,就一直延续了下来。不过好在他听过女儿提出多要零花钱的要求后,迅速意识到了自己的失误,并且为女儿增加了零花钱。

家长在给孩子零花钱时,要把握好一个"度"——既不能给得太多,让孩子无节制地消费;也不能给得太少,无法支撑孩子的消费需求。应该理性分析孩子随着年龄增长而提高的消费水平,同时关注孩子支配钱的能力,综合两者后决定给孩子零花钱的多少。

◆无限制地给予不是爱

家长都深爱着自己的孩子,只是每个人表达爱的方式不同。在零花钱的给予上,有些家长觉得对孩子有求必应就是最好的爱,所以他们会无限制地给孩子钱花,可这样做是不对的。

### 别跟孩子哭穷，
### 别让孩子炫富

王宁与妻子三十多岁的时候才生下孩子，对这个迟到的儿子别提有多宠爱。自孩子咿呀学语开始，夫妻二人对孩子就是有求必应、有要必买，甚至有的时候孩子没有张口，东西就提前准备出来了。

孩子稍微长大一点，夫妻二人就开始给他零花钱，数目之大是一般家长都无法想象的。儿子拿了这么多钱也不知道干吗，王宁就对他说："没事儿子，你喜欢什么就买什么，没了就再来找爸爸要好了。"周围关系比较亲近的亲戚朋友见状，都婉言相劝，认为他这样的宠爱对孩子不好，慢慢发展下去，孩子容易对金钱麻木。可是王宁夫妻俩根本不听，继续我行我素。

终于，在一次给孩子零花钱的时候，儿子觉得给少了，张口就要一万元。这次可着实惊到了夫妻二人，他们也不清楚儿子要这么大数目的零花钱做什么，于是忍不住开口询问。谁知道，儿子随口答道："也没什么特别的打算，反正就是花呗，总能花完的。"听了儿子的话，二人陷入了沉默。看来长期以来不闻不问、只负责给孩子钱的行为让孩子失去了这个年纪对金钱本该有的好奇和掌控欲，再这样下去，孩子岂不是只知道花钱，而不知道钱为何物了？但是，这么多年都过来了，一时半会也难以和他说明，再说，就算和他好好讲道理，孩子还会听吗？想到这，他们不禁陷入了深深的苦恼当中……

案例中，王宁与妻子因为对孩子的爱而选择无限制地给孩子零花钱，

第六章
帮助孩子支配零花钱

无论什么情况,但凡孩子张口,都会从爸爸妈妈那里得到钱。这种情况长期积累,最终导致孩子在没有需求的情况下也会向父母要零花钱。虽然夫妻二人最后意识到了这么做的坏处,但是事态已经发展到了极其严重的地步,想要心平气和地与孩子交谈后就指望他能改正基本是不可能的了。

虽然满足孩子的需求也是爱的一种表达方式,但是爱不能和钱等价,无限制地给予不等于爱!在家长这里予取予求的孩子会逐渐失去对金钱的概念,也丝毫不会想有关理财的任何内容。

◆ 为孩子"量身打造"零花钱

家长要时刻关注孩子的用钱情况,随着年龄的增长,给孩子的零花钱要适当增加一些。若是遇到短期内增幅较大的开销时,家长也应该酌情给予孩子一些帮助,当然不可以全部负责。

王鹏今年就要读初中了,一直以来他都有自己的零花钱并且将其管理得很好,小小年纪就已经懂得比较基础的理财。这一切说来还要归功于他的爸爸妈妈在他零花钱方面的明智处理和循循善诱。

王鹏的爸爸妈妈在他刚进入小学校园的时候就开始给他零花钱了,虽然不多,但是对于那时的王鹏来说,平时买一些零食还是绰绰有余的。当然,随着王鹏的年龄越来越大,爸爸妈妈给他的零花钱也相应地有所提高。这都是他们与儿子商量好的,双方都没有意见。固定的零花钱让王鹏学会了合理地分配,虽然开始也遇到过几次"花超额"的情况,不过随着时间的推移,王鹏在

**别跟孩子哭穷，
别让孩子炫富**

金钱管理方面越来越纯熟了。

当然，有时候会有小伙伴向他借用零花钱，每每此时，王鹏就会拿出自己的钱去帮助他，之后再向爸爸妈妈"借钱"填补空档。一旦小伙伴把钱归还，他就立即把钱还给爸爸妈妈。除此之外，在发现王鹏有购买大玩具的意向而无力支付时，爸爸妈妈也会伸出援手，不过不会全额买单，只会给他大概一半的资金"支援"，剩下的就让他自己凑齐。

案例中，王鹏的爸爸妈妈通过对孩子的观察大致了解了每个年龄段孩子所需要的零花钱数目，并且将其固定化。形成规矩后，除非遇到大开销等特殊情况，父母便不再给孩子多余的零花钱。这样长久坚持下来，让王鹏小小年纪就变成了理财高手。

家长在给孩子零花钱的过程中，应当注意观察并总结孩子在特定年龄段大概的零花钱需求量，通过固定零花钱的给予，可以让孩子的零花钱支出更加稳定。除此之外，还能锻炼孩子的理财能力，可谓是一举两得。

第六章
帮助孩子支配零花钱

# 选择合理的方式给孩子零花钱

家长在给予孩子零花钱的过程中，除了要对零花钱的数额有精准把控外，给孩子零花钱的方式也同样值得重视。选择合理的方式给孩子零花钱，不仅可以有效避免孩子在接受零花钱时出现的负面心理，同时还对日后家长与孩子在零花钱问题上有效地良性循环有极大的促进作用。如若不然，则极有可能使孩子对零花钱产生依赖、忽视等负面情绪，甚至因为零花钱问题影响到其他诸多领域。

◆不要将零花钱和鼓励捆绑在一起

每个家长都希望孩子可以茁壮成长，当看到孩子表现优异时，会想要给予孩子鼓励，让他们坚持下去。但是值得注意的是，家长不应该将多给零花钱作为奖励，那样一来，孩子会很容易认为自己的零花钱和自己的优异表现相关。那么日后一旦失去了更多零花钱的来源，孩子就很有可能停止优秀。

### 别跟孩子哭穷，
### 别让孩子炫富

早上，芳芳收拾好书包准备出门前，妈妈急匆匆地叫住她，"芳芳，来，帮妈妈把这两袋垃圾给顺路带下去。""10块钱。"芳芳笑嘻嘻地说道。妈妈见状立马板起了脸："这孩子，妈妈让你扔个垃圾怎么还管我要钱？怎么这么不懂事啊？""怎么啦？明明说好的，我帮忙做家务就有奖励，现在这是明码标价！"芳芳狡辩道。听着女儿越来越大的声音，妈妈无奈地拿出10块钱，和垃圾袋一起交给了她，心中不免感叹：原来的女儿多好，现在怎么成了这个样子。

原本，芳芳在很小的时候就懂得帮家里做家务，虽然笨手笨脚，但是爸爸妈妈看到女儿这么懂事都很开心，于是决定给孩子5块钱作为奖励。日子一天天过去了，芳芳偶尔会帮家里洗碗、拖地等，爸爸都会给她5块、10块钱作为奖励并夸她懂事。可是慢慢地，芳芳开始不主动做家务了，每次就算是被要求去擦桌子、洗碗，也会和爸爸妈妈提前要钱。一开始夫妻二人还只是觉得好笑，这小妮子倒是知道往钱眼里钻。可是发展到后面，芳芳变得斤斤计较，没有钱是绝对不会做家务的，弄得夫妻二人是既气愤又无奈，但是自己给孩子养成的坏毛病，只能自己忍着。

案例中，小时候的芳芳试着帮爸爸妈妈做一些力所能及的家务，但因为爸爸妈妈一时欣喜，就决定给她零花钱作为奖励。这种行为无形当中使得孩子认为这些钱是做家务得来的，而不再考虑它的鼓励作用，久而久之，干脆将二者等同起来，所以发展成最后的没有"酬劳"就不做家务。除了

# 第六章
## 帮助孩子支配零花钱

她自己的错误认知外,父母的错误引导也有不可推卸的责任!

优秀的表现是孩子的主观能动表现,而接受零花钱则是被动行为。如果家长见到孩子的优秀表现就奖励给孩子零花钱,那么很容易使年纪尚小、对事物尚且不具备完整认知的孩子把自己的主动优秀行为变成被动。换言之,原本对优秀行为很向往的孩子,会因为零花钱有没有变多而决定自己是否继续保持优秀。这样一来,事情的发展和家长的初衷背道而驰。

◆不要让零花钱扼杀了孩子的热爱

很多家长在孩子学习成绩优异时会选择奖励他们零花钱,这种做法是否正确有待商榷。孩子之所以可以在学校取得优异成绩,源于他们认真的学习态度,而从他们认真的态度可以看出,孩子对知识的渴望和对学习的热爱。如果家长在这种热爱换来的优异成绩中强加入物质元素,那么孩子原本纯真的好学之心很有可能畸形发展,最终发展成为了零花钱而读书。

小琴是大家眼中的"好学生",在校表现优异、尊师重道、团结同学。在前两天刚刚结束的期末考试中,小琴通过自己的努力再次获得了年级第一的好成绩。

听到这个消息,妈妈十分激动,决定给小琴100元作为奖励,让她自己支配。给完钱的妈妈完全没有注意到拿着现金手足无措的小琴,夸完小琴后,妈妈拿起电话打给远在外地出差的小琴爸爸:"老公,小琴这次期末考试又拿了年级第一名,看我们的女儿多厉害,我还特地给了她100元钱作为奖励呢!"爸爸本来还

### 别跟孩子哭穷，
### 别让孩子炫富

喜笑颜开，听到后面脸色不禁沉了下来，急忙说："你怎么回事？给孩子钱干吗？小琴学习好是因为她本身对学习有浓厚的兴趣，你这样一搞，让她怎么想？难道自己好好学习就为了拿奖金吗？你这是对孩子不负责任，等我回去再说吧！"妈妈被爸爸突如其来的大发雷霆弄得不知所措，只能悻悻地挂掉电话。

隔天，爸爸匆匆回到家里，看到正在客厅画画的小琴，上前说道："听说女儿考试又拿了第一，真厉害！""爸爸回来了，这次的题目都很简单，我就考了满分。"小琴笑嘻嘻地说道。爸爸接着说："小琴为什么学习这么好啊？是不是自己对学习很感兴趣？"小琴说："对啊，老师讲课讲得可好了，我能算出题目就很有成就感。"爸爸说："小琴好样的，听说妈妈为此还奖励了你100块钱？小琴学习好可不是为了拿奖金吧？是不是拿了也不知道该买什么？"小琴挠挠头说："对啊，我能拿第一就很开心了。"说着就把钱拿出来交给爸爸，爸爸微笑着收起来说道："小琴真懂事，爸爸就喜欢热爱学习的孩子，改天带你去游乐园，一学期结束了要放松放松呀。"小琴兴高采烈地回应："好呀，好呀，等我这两天把作业写完，我们就一起去。"说着，便放下画板，跑回自己的房间去写假期作业了。

案例中，在妈妈拿出钱奖励小琴之后，爸爸及时站出来对小琴进行了正确的引导，成功地让小琴的注意力从钱身上转移出来，保留了孩子最原始的好学之心。爸爸的这种行为非常值得每位家长学习。

第六章
帮助孩子支配零花钱

对于孩子热爱并擅长的事情，家长无需用钱来表达自己对孩子的赞赏，孩子对认可的需求要远远大于金钱。有时候，一句简单温馨的鼓励所能带给孩子的兴奋往往比金钱要多得多。

◆ 定时定量地给孩子零花钱

家长在给予孩子零花钱时，应当做到定期、定量，让孩子不会因为零花钱的不稳定而胡乱猜想。除此之外，定期、定量给孩子零花钱就意味着一定时间内可供孩子支配的个人财产是固定的，这样有助于孩子提升消费周期意识，也可以帮助孩子快速养成合理消费的好习惯。

梁先生的儿子过5周岁生日的时候，梁先生和太太就决定开始给儿子零花钱，让他从小就学习、了解如何花钱。

最开始的时候，他们就给儿子一块、两块钱，后来儿子慢慢长大，需要的零花钱多了，梁先生就和太太商量决定多给儿子一些零花钱，但是要控制在一个范围内，同时给儿子零花钱的时间也要固定下来。儿子上学后每周一次，一次50元，是两人一致认为可行的方案。刚刚实施的时候，梁先生有几次看到儿子撒娇央求多给点零花钱的时候，差点就没忍住，但是一想到儿子可能就此习惯于毫无规律地索取零花钱，他就拒绝了。

在夫妻二人共同遵守约定的情况下，经过几年的坚持，效果十分显著。现在儿子不仅会按时领取定量的零花钱，尊重大家商议后共同确定的"零花钱条例"，还学会了做一个"理财小达人"。他平时除了买点零食之外几乎没有其他开销，于是便把花剩下的

**别跟孩子哭穷，
别让孩子炫富**

钱都存进储蓄罐，有大笔开支时用以"救急"。几年下来，儿子的储蓄罐越来越沉，每每看到儿子坐在床上摆弄自己的储蓄罐和硬币时，夫妻俩就有满满的成就感。

案例中，梁先生夫妻二人在一开始决定给孩子零花钱的时候就制定好了相应的方案，让定期、定量的零花钱在孩子心中形成固定意识，加上几次撒娇无果，孩子便接受了这种规则。同时，在这种规则下慢慢学会经营自己的财富，日积月累，慢慢培养起财商意识。

充分了解了孩子的日常开销后，家长可以将零花钱周期化和定量化，这样一来，零花钱在孩子的世界里将只作为零花钱而存在。这样做可以有效避免孩子将激励与零花钱混淆，让孩子明白零花钱是生活的一部分，而非自己表现优异换来的奖品。既保证了零花钱处理上的稳定性，又不会打击孩子在其他感兴趣的领域上的积极性。

第六章
帮助孩子支配零花钱

# 引导孩子正确使用零花钱

作为家长，你是否关注过孩子零花钱的用处？是否在了解后给予过孩子一些建议和引导？相信很多家长的答案都会是否定的。事实上，出于对孩子的宠爱，家长往往将关注点放在了孩子的零花钱是否足够，是否需要提前给零花钱或是增加零花钱上，反而很少有人会去询问孩子是如何花掉零花钱的。其实，在零花钱如何支配的问题上也有大学问，良好的引导不仅可以让孩子的零花钱用得有意义，还能够培养孩子自立自制、乐于助人等优秀品德。

小安今年读小学三年级，他的爸爸妈妈平时工作都很忙，基本上都是早出晚归。除了一家人每天晚上可以坐在一起吃顿饭，每周按时给小安一些零花钱外，小安的日常起居都是由奶奶负责照顾。至于小安的零花钱怎么花，爸爸妈妈觉得小安从小就很懂事，应该不会把钱花在什么不正当的地方，所以就从来没有问过他。

**别跟孩子哭穷，
别让孩子炫富**

最近一段时间，爸爸妈妈发现小安晚饭吃得越来越少，有时候干脆就不吃了。开始的时候，他们还以为小安哪里不舒服。可在接下来的几天里，小安的厌食症状越来越严重，经过询问后才知道小安根本没有生病，而是迷恋上了小零食。最开始的时候还只是偶尔买一包零食吃，后来干脆把大部分零花钱都用来买零食了，所以越来越不爱吃饭，有的时候零食吃多了，干脆不吃晚饭。奶奶之前发现小安把零食带回家里，但是出于对孩子的溺爱，同时也怕被小安的爸爸妈妈知道后责怪小安，就只是简单地说了两句，叫他不要吃太多。事实证明，小安根本没听。听了奶奶的话，爸爸说道："妈，我知道您宠着小安，但是一码归一码，您不能在这种事情上一直纵容他啊，您就是告诉了我们，难道我们还要教训他吗？我们肯定也会和他讲道理的！"

和奶奶聊完的爸爸找到了妻子，交流一番后决定直接和小安谈谈。两人来到小安的房间，开门见山地说："小安，爸爸妈妈给你的零花钱最近是不是都被你拿来买零食了？"小安见状，默默地点了点头。两人接着说："爸爸妈妈这么说，其实并没有要责怪你的意思，毕竟零花钱是你自己的，你有权利决定怎么使用。但是小安，你要想一想，你这么用是否合理？每天三餐都是要按时吃的，你还在长身体，那都是不能缺的营养啊！如果因为零食吃多了导致你没有胃口吃饭，不仅会影响你的身体发育，而且长期下去你容易厌食，那后果得多严重啊！你觉得爸爸妈妈说得有道理吗？"听爸爸妈妈这样说，小安似乎觉得之前是自己不对，

第六章
帮助孩子支配零花钱

于是向爸爸妈妈保证，以后少买零食，按时吃饭，用剩余的钱去做自己感兴趣的事情。爸爸妈妈听后，欣慰地相视一笑。

案例中，小安将大量零花钱投入到零食开销，直接导致他后来不吃晚饭。爸爸妈妈发现后并没有急于责怪他，而是耐心地将其中的利弊讲清楚，让孩子在父母的引导下认识到自己对零花钱处理的不恰当之处，并最终接受父母的建议。

小安爸爸妈妈的做法值得广大家长学习。在孩子出现类似情况时，要理性疏导，而非直接进行训斥，否则很容易让孩子产生逆反心理。家长也不能对孩子放任自流，否则，当家长幡然醒悟时，孩子已经误入歧途、渐行渐远。

◆别把零花钱当作"小钱"

很多家长觉得给孩子的零花钱并没有多少，所以孩子什么时候要零花钱，家长就什么时候给。其实，这种做法是大错特错的。如果不对孩子零花钱的去处做一定程度的了解和引导，孩子将会一直无头绪地使用零花钱，不仅容易造成短期内零花钱使用不当，更会导致孩子日后难以合理理财。

明明今年10岁了，他不定时地就会从爸爸妈妈那里得到零花钱，基本上都是用来买一些零食和玩具。爸爸妈妈工作比较忙，平时一家人在一起的时间很少，加上他们觉得孩子手里的钱也没多少，没法做什么出格的事情，所以从来不问明明把钱花到哪里去了。明明也是乐得如此，反正拿到钱想买什么就买什么，没有了就再跟家里要。

一天，在班级的活动课上，班主任老师在学生零花钱使用的问答中发现了明明的花钱问题后，就和明明的爸爸妈妈联系了。关于这方面的问题，他们表现得很轻松，对老师的疑惑也是答非所问，基本上一直在说明明的零花钱很少之类的话。无奈，老师的劝说行为只得作罢。

案例中，明明爸爸妈妈的做法显然是不对的。他们只顾着给明明零花钱，却没有在零花钱的使用方面给予明明正确的指导。明明用零花钱买零食和玩具的行为无可非议，但是长期下去，明明会觉得零花钱就是用来做这些事情的，之后手里再有钱，他首先想到的就是这两件事情，对最起码的其他用途都没有概念，更遑论合理理财了。

虽说零花钱最好让孩子自己支配，但是作为家长，教导孩子如何正确使用零花钱也是其责任所在。一个没有人指导的孩子，如果一味地用零花钱来满足自己的娱乐购买需求，那么他将永远无法学会理财。

◆让孩子的零花钱支出更有意义

在零花钱问题上，家长在充分尊重孩子自主支配零花钱的前提下，可以有选择性地询问孩子的零花钱花在哪里了，同时寻找适当的时机进行零花钱开销引导，让孩子的零花钱开销更加多元化。可以让孩子较早接触理财，为日后打下基础，还能借此培养孩子优秀的品格。

默默的爸爸妈妈在她5岁的时候就开始给她零花钱，开始

第六章
帮助孩子支配零花钱

的时候不多，后来随着默默年龄增长逐渐增加零花钱。在零花钱的使用上，爸爸妈妈将支配权完全交给默默，他们只是偶尔问问默默的零花钱使用情况，之后并不做过多干预，每次都是微笑点头。

在发现默默经常用零花钱买零食后，爸爸就和她说："宝贝，买了这么多零食，是不是在吃饭之前就吃饱了？"看到女儿点头，他就继续说道："你经常吃零食会导致胃口不好，我们身体的营养大部分来源于一日三餐，你正在长身体的时候，营养跟不上可不行，你说对吧？""嗯。"女儿用力地点点头。"那以后少买点零食，把省下来的钱存起来，做一些有意义的事情如何？"女儿爽快地答应了。

就这样，在爸爸妈妈的正确引导下，默默的零花钱积攒得越来越多。后来，在遇到捐款活动的时候，她还拿出自己的积蓄捐了50元，得到了爸爸妈妈的表扬和鼓励。平时遇到小伙伴需要帮助时，她也会毫不犹豫地将自己剩余的零花钱借给他们，大家都很喜欢她。爸爸妈妈得知后很欣慰，同样会对她的行为大加赞赏。

案例中，默默的爸爸妈妈让孩子自己决定零花钱的用处，同时又从侧面进行询问和指导，让默默从开始只知道把零花钱用来买零食，到后来在父母的帮助下，她学会了积攒自己的财富。在遇到需要花钱的地方时，她会拿出自己的积蓄来花销。不仅如此，她用零花钱捐款、帮助同学等，都有助于提高她的思想觉悟，培养她乐于助人的优秀品质。

别跟孩子哭穷，
别让孩子炫富

# 从零花钱开始，教孩子学会理财

随着生活水平的不断提高，越来越多的家长开始选择给孩子零花钱，让他们初步体验支配财产。家长给孩子零花钱，让他们自己选择使用方式，可以锻炼孩子的自主消费能力，让他们更早地在心中对金钱形成概念性的认知。但是，家长关注过孩子的零花钱具体都是怎么使用的吗？

相信很多家长的答案都是否定的。他们给孩子零花钱，但是孩子的零花钱并没有多少，他们就觉得没有必要追问孩子拿钱做了什么。因此，家长的关注点大多都是"最近孩子的零花钱够不够花"，而不是"孩子的零花钱都用在了哪里"。

◆别把零花钱仅仅当作"零花钱"

大多数家长认为，只要控制好零花钱的数目，不让孩子一次性拥有太多的财富，就可以避免孩子胡乱消费，所以给孩子零花钱只是控制好量，至于孩子怎么花，并没有关注太多。其实，这种想法是大错特错的。如果孩子连这么一点钱都支配不好，那么日后更大数额的金钱支配又该怎么办

第六章
帮助孩子支配零花钱

呢？家长不能将一切希望都放到"孩子长大了""孩子懂事了"等并不实际的幻想中。

小辉从上了小学起，爸爸妈妈就开始给他零花钱，一段时间之后，零花钱领取时间固定了——每周一次。虽然已经领了好几年的零花钱，但是在如何花这些零花钱上，小辉的想法似乎还是很简单。在每次领完零花钱之后，几乎在两天之内，小辉就可以把所有零花钱花光，接下来的5天，他将度过没有零花钱可用的"艰难时期"，等到下一周还是一样。

小辉的爸爸妈妈曾经无意当中得知小辉的这种花钱方式，不过他们并没有说什么，甚至有些不以为意，觉得等小辉再大一点这种情况就会消失。逢年过节亲戚朋友相聚的时候，难免会聊到孩子。在得知小辉这种情况之后，亲戚朋友中有不少人劝说他的爸爸妈妈，觉得这样的花钱方式是不对的，应当给孩子适当的引导和教育。但是夫妻二人对此毫无兴趣，只是随口应付着，也没有什么实际行动。

现在小辉已经读初中了，可是对于零花钱的管理依然毫无想法，他觉得"有钱就花，没钱等着"这种花钱方式没什么问题。

案例中，小辉的花钱方式显然不够科学，他的爸爸妈妈当然也知道这一点，但是他们觉得小辉年纪尚小，所以就暂时选择放任他。但是他们忽略了很重要的一点，那就是习惯的养成。他们对未来的寄托是不现实的，

**别跟孩子哭穷，**
**别让孩子炫富**

已经养成固定消费习惯的小辉想要改掉这种陋习是很难的。

如果给孩子零花钱只是为了短期内满足他们小小的心愿，那么零花钱的价值就在被无限度地拉低。一个只知道零花钱是从家长那里得到并用来买一些自己喜欢的东西的孩子，无论多少年过去，他们对零花钱的认知都会停滞不前。

◆ 让孩子学会规划自己的零花钱开销

家长在给孩子零花钱的同时，应当同步进行定期性询问，看看孩子把这些钱花在了什么地方，总结之后侧面引导并给出自己的建议。

李丽的女儿今年11岁了，经过几年的零花钱给予和消费指导，现在小家伙已经有了自己的一套消费理论，在如何支出零花钱的问题上几乎不再需要爸爸妈妈操心了。

在决定开始给孩子零花钱时，李丽就和丈夫商议要看看女儿拿钱来买什么东西。最初，不出二人所料，女儿的开销基本都是在零食上，于是李丽就抽空和女儿说："宝贝，你想不想要娃娃和玩具呀？""嗯，想要。"女儿点头。于是李丽接着说："可是你自己没有剩余的钱去买啊，是吧？"女儿："是的，妈妈，我该怎么办呢？"李丽见状，微笑着说道："你看，你每次都把零花钱用在零食上，自然就没钱去买娃娃，那如果能够减少一些零食上的花销，然后自己再攒一攒，是不是就可以用省下来的钱买娃娃呢？如果还是不够，那我们就再减少一点零食购买，再多攒一攒，钱到最后肯定会够用的，你觉得妈妈说得对吗？"女儿：

第六章
帮助孩子支配零花钱

"妈妈，可是我想吃零食怎么办？"李丽："那就要看你是更想吃零食还是更想要娃娃了，钱就这么多，总要有取舍的！"最终，女儿接受了妈妈的建议。

就这样，在之后的日子里，一旦发现女儿在消费上出现了什么问题，李丽就用相同的方式对女儿进行教育。随着女儿越来越大，对妈妈的话理解得也就越来越多，逐渐学会了合理规划使用自己的零花钱，一步步踏上"理财小能人"的养成之路。

案例中，李丽不仅给女儿提供零花钱，还高度重视女儿的开销情况。在遇到她觉得欠妥的地方时，没有对女儿进行纠正和斥责，而是采取一种间接的方式来提示女儿这样做不对。等到女儿渐渐成长起来，对妈妈的话不再局限于开始的选择题，而是懂得整体规划、合理开销，长期的财商教育成果初步显现出来。

通过给予孩子定量的零花钱，让他在自己想做的诸多事情中选择最迫切的来完成，这在无形当中提高了孩子合理消费的意识。到后来，孩子将不再仅仅思考自己所求的迫切性，而是思考商品的价值。慢慢地，孩子会通过克制消费完成财产的累积，规划自己的消费来提升自己的消费价值，也将在心中初步形成有关理财的自己的"小理论"。这都是家长多次循循善诱，才能达到的效果。

第七章

# 别让孩子炫富，远离拜金主义

**别跟孩子哭穷，
别让孩子炫富**

# 对孩子进行适当的"贫穷"教育

一直以来，贫穷二字被冠以的内容都是缺失、匮乏，每个人都在竭力远离它，不想与它有一点儿关系。对于孩子而言，在他的成长过程中，让孩子适度体会"贫穷"，有利于其日后的健康成长。

如今的孩子都是在"蜜罐"里"泡"大的，更不知道何为"贫穷"，只知道衣来伸手、饭来张口，只知道拼车、拼房、拼父母。如果家长没有及时进行引导，不让孩子知道何为"锄禾日当午，汗滴禾下土"，孩子就不会真正理解一粒米饭来得有多珍贵，也不能养成勤俭节约的习惯。

小琼家境富裕，从小到大吃得好、用得好，接触到的人也都是有钱人。在小琼看来，世界就是这个样子，换新从来不是等东西用坏了换，而是赶潮流，吃的、用的都要当下最好的。但到奶奶家就不一样了，小琼每次都感觉奶奶说的是"繁文"。奶奶是从饥饿年代过来的，看到小琼对食物不在意，吃不完就扔掉时不

## 第七章
### 别让孩子炫富，远离拜金主义

免要"啰唆"两句。

"奶奶说的那些是真事吗？还有这样穷的日子？再说了，就算是真事，这都什么年代了，还要穿破衣服、啃红薯吗？那时代不倒退了吗？"每次奶奶的苦口婆心换来的都是小琼嗤之以鼻的质疑与反感。

案例中，奶奶看不惯小琼不知节俭的行为，忧虑小琼体会不到今天的幸福生活来之不易，也不知今天的生活从哪里而来。而小琼也读不懂奶奶的苦口婆心，反感奶奶"老掉牙"的桥段，固执地认为奶奶是在编故事骗自己。小琼与奶奶间的矛盾是小琼没有亲身经历过物质贫乏的年代，打出生起就没有饿过肚子，更不知奶奶说的那种"老掉牙"的艰苦岁月。

自古"穷人家的孩子早当家"，在对于孩子的"贫穷"教育上，家长不妨先让孩子接触"贫穷"，再让孩子体验"贫穷"。说教式的教育对于现在这些早已经历过"小风小浪"的孩子来说已经无济于事，不妨来点"新鲜"的教育方法，让孩子们目睹并真实经历那些贫苦人的生活方式。这样才会让孩子有真切的感受，才会懂得珍惜当下的生活，才会真正做到勤俭节约。

◆让孩子接触"贫穷"

如果一味地对孩子说要节俭、要奋斗，孩子会反感，家长不如让孩子去直面贫穷，真正意识到贫富差距，孩子才会从心底感知到生活的美好。

楠楠今年15岁了，随着年龄的增长，花钱也在不断"提速"。

**别跟孩子哭穷，**
**别让孩子炫富**

虽说楠楠还是个孩子，但他却总想着贪图安逸，心中没有大的抱负；总想好吃懒做，不好好上学，觉得逃课才酷。总之，家长想要的好孩子模样，楠楠一样都不具备。

看着自己一手教出的孩子长成这样，爸爸焦虑不已，心急如焚。一天吃过早饭，爸爸对楠楠说："儿子，爸爸今天带你去老爸工厂参观参观"。出门时，爸爸也没有带车钥匙，而是带着楠楠去挤公交，看着楠楠略带嫌弃的眼神，爸爸没有说话。到了工厂，看着满是灰尘的厂房，工人们正在加班加点地工作，身旁的爸爸也换好工装，在一旁指导起来。尘土飞扬的厂房，工人们高强度的工作，震撼了楠楠，耳边不觉响起爸爸那些老生常谈的话语，挣钱不易，美好生活得来不易。楠楠瞬间有了一种罪恶感，眼下的一幕和自己平时生活的样子形成反差，他深深体悟到了爸爸的良苦用心，更知道原来贫富之间有这么大的差别，懂得要知足与珍惜。

在家长眼里，爱孩子就要把最好的给他，但如果没有正确的引导，孩子就会如楠楠一般，越长大越能花钱，也越不知奋斗。最后，家长的宠爱变成了深深的焦虑。

只有做家长的能及时察觉到这一点，在平时的生活中，让孩子偶尔尝尝"苦"，不要被"蜜糖生活"蒙蔽了双眼，孩子才会珍惜当下的生活，也不忘感激家长的养育之恩。

◆ 让孩子体验"贫穷"

"纸上得来终觉浅，绝知此事要躬行。"对于孩子的教育也是一样，

## 第七章
### 别让孩子炫富，远离拜金主义

每天千篇一律地对孩子说要节俭，不仅孩子听不进去，可能家长都要说烦了。不如，爸爸妈妈用个"苦肉计"，让孩子身临其境，真正吃吃贫穷的苦。

大冰的妈妈深谙孩子的教育之道，尤其是在贫富方面的教育上更是有独到的方式。大冰和其他城里的小朋友一样却也不一样，大冰不像其他小朋友一样，向妈妈要这个、要那个，对平日里穿的衣服也不挑不拣，用品、玩具也不会天天嚷着要新的。大冰既不和小朋友攀比，也懂得珍惜父母给予的好生活。大冰妈妈的朋友都羡慕她有个听话、懂事、勤俭的好孩子，大冰妈妈笑着回应说："好孩子都是教育出来的。"

原来，每到寒、暑假大冰没有像其他小朋友一样"吃喝玩乐"，而是到农村奶奶家"受罪"。假期开始，妈妈就带着大冰体验不同于以往的生活。到了奶奶家，妈妈和大冰换上干活的衣服，每天日出而作，和爷爷一起去田里除草，晚上拖着疲倦的身子回到家，吃着奶奶做的油花不多却十分可口的饭菜。

自打大冰懂事起，每年寒、暑假都不落下，大冰和妈妈都会来奶奶家生活一阵子。大冰也由当初的不习惯到习惯再到后来喜欢农村的生活。每次回到城里上学，大冰都会和小朋友们分享在农村的快乐时光。

享受着城市生活的繁华，也喜欢淳朴的农村生活中的安静。正是因为这样，大冰才没有城里孩子爱骄躁、爱攀比、爱炫富的毛病，这让我们不

**别跟孩子哭穷，
别让孩子炫富**

得不为大冰妈妈点赞。不过分宠溺孩子，和孩子同甘共苦，平日里妈妈会与孩子一起体验生活的苦乐，让孩子在体悟到生活不易的同时也加深了母子情。

有的家长为了孩子上好的学校节衣缩食、含辛茹苦，拼尽全力想把最好的都给孩子；有的家长固执地认为，孩子要啥，我都要满足，这才是爱。正是因为家长这样的行为方式，很多孩子只知道索取、享受，而忘记了奉献和创造。家长一味地为孩子遮风挡雨，孩子只会丧失展翅飞翔的能力。

"平静的海洋练不出精悍的水手，安逸的环境造不出时代的伟人。"给孩子稳定、富足的生活并不一定是对孩子真的好，想让孩子早日成才，家长应该让孩子品尝生活的"苦"。

第七章
别让孩子炫富，远离拜金主义

# 再有钱，也别让孩子"炫富"

近年来，炫富事件层出不穷、有增无减。炫富这件事不分男女，不分老少，且未成年人正在成为"炫富团"的主力军。

"再苦不能苦孩子，再穷不能穷教育。"这个根深蒂固的理念世代影响着中国人的教育方式。多数家长缩衣节食、省吃俭用，而孩子则被捧得高高在上，衣来伸手、饭来张口，孩子要的东西家长都会全力满足，对孩子好的，都要争取。

其实绕来绕去，家长给予孩子的满足、奉献，除了物质就是学习，却忽略了影响孩子健康成长的重要教育——德行。在孩子的成长过程中，没有树立正确的价值观、人生观，孩子未来的旅程将会是荆棘遍布。

男孩炫富被打，女孩追星炫富，孩子产生这种扭曲的心理和行为，家长有着不可推卸的责任。一味地满足孩子的要求，导致孩子恃宠而骄，虚荣心蔓延，才会去过度炫耀自己。

**别跟孩子哭穷，
别让孩子炫富**

近来，一名 9 岁女孩，自称是 21 世纪最年轻的炫富者，吸引着众多网友的眼球。现今，她的社交账号已经有 140 万关注者，每个视频的点击量都高达百万。视频中的女孩满嘴脏话，口无遮拦，生活日常就是不断晒自己的豪宅、豪车、名包、名表。在自己炫富的同时，还"攻击"围观的网友是"穷鬼"，声称"这个马桶都比你的房租贵""我喝的酒就足够支付你们的大学学费了"……造成了十分恶劣的影响。

小女孩的行为令人发指，在感叹之余，很多网友评价说："这小姑娘欠教育吧，她的父母去哪了？""为什么不对她多加管教？"是的，一个小女孩去哪赚这么多钱？小女孩价值观扭曲，家长有不可推卸的责任，怎样的家庭教育才能教出有这些粗暴、直接的行为的孩子。

人的观念、标准，深受家长影响，并根植于脑海，孩子一些夸张、过分的炫富行为，究其根源是家长教育的缺失。在一定程度上，孩子的价值观就在诠释着家长的价值观，家长的价值观直接影响着孩子未来的发展方向。

◆纠正孩子扭曲的价值观

对于孩子的心理变化，家长应该见微知著，如培育小树一般，如若发现旁枝别叶，应该及时进行修剪。

为了让小琦有个好的学习环境，从小学起，妈妈就送小琦到私立学校读书。转眼，小琦上三年级了，也渐渐懂事了。一天

# 第七章
## 别让孩子炫富，远离拜金主义

放学回家，小琦问妈妈："妈妈，咱家是做什么生意的？一年能挣多少钱？咱家有几栋楼？"妈妈狐疑地问："你问这个做什么？""是我们同学私下里讨论，今天有个同学问我，我答不上来，我同学家都好厉害，琳琳说她爸是做贸易生意的，家里有好几辆车，一周每天开的都不一样。妈妈，爸爸为什么每次都开同一辆车呢？"看着小琦兴致勃勃地说着，妈妈心里感到一阵不安。

孩子们平时怎么攀比这个，这么小就开始炫富，互相比较家里的房子、车、生意。和小琦说完话后，妈妈带着一肚子的疑问，在查阅了网上的相关资料后，被网上一些孩子炫富的视频吓到了。同时，也不由得担心起小琦，心想，一定要把小琦这种不正确的观念"扼杀在摇篮中"。

等第二天放学回家时，爸爸果然换了一辆车去接小琦，不过这辆车还不如爸爸之前开的车好呢。回到家，家里的摆设、爸爸妈妈穿的衣服也都变了，变得很普通。看着小琦诧异的眼神，妈妈对小琦说："那天，你问妈妈的话，现在妈妈回答你。咱家做的是普通生意，只有一辆普通的车，也只有一套普通的居民房，但这些都不重要，也与你无关，咱家贫穷或富有都是爸爸妈妈创造的，你想要的东西需要你自己好好学习，有能力了自己去创造。"

小琦听后，若有所思地回答着："我知道了，妈妈，现在我要去学习了！"

案例中，有一个聪明又负责的妈妈是小琦的幸运，如果第一次小琦问

**别跟孩子哭穷，**
**别让孩子炫富**

妈妈这些问题，妈妈如实地回答了她，小琦就会觉得家里也有一定的资本，慢慢地也会加入同学攀比的大军中。当炫富成为一种习惯，小琦的精力就会被分散，这也就与妈妈当初送小琦去私立学校的初衷相悖。

现在很多孩子虽然年龄小，但攀比和炫富的欲望却特别强，这对孩子的成长是非常不利的。当孩子有炫富倾向时，家长应该在第一时间纠正，并进行正确的引导。同时，家长是否该自我检讨，为什么有钱人家的孩子就一定要炫富呢？事实上，真正有教养的家长教出来的孩子更加朴实纯真，这才是真正的有钱人。

◆有教养的孩子才是最高级的炫富

"穷养富养，不如教养"，有教养的孩子才是最高级的炫富。家长培养出有教养的孩子，才是拥有最大的财富。

班上有位同学，平日习惯穿一件长款黑色大衣，配白色球鞋。乍一看，她就是一个假小子，每天和同学们一起上下学，一起吃午饭，学习成绩中等，不爱说话，是很容易被忽略的同学。

一次，班里一位同学得了白血病住院，因为家庭条件一般，学校便组织同学捐款献爱心。但就在募捐的第二天，有人悄悄地把得病同学的医药费交了，打听之后才知道，正是这位黑衣女孩"行侠仗义"。再一细究，原来这个普通的黑衣女孩是一个富二代。但是在日常生活中，同学们怎么也不会把普通的黑衣女孩与富二代联系在一起，真是刷新了同学们对富二代的一贯看法。

身份曝光的黑衣女孩还和往常一样，不谈父母、不谈家庭，一如既往地穿着最爱的黑色大衣，与同学们分享每天学习中的简单的快乐。只是谁有困难，她依然会不求回报、尽自己所能去帮忙。

不骄不躁不宣扬，或许很多人都会惊愕于黑衣女孩的家庭条件，但她在富有下却保持着最朴实的自己，这才是真正的富有。

只有空囊的麦穗会满空飞舞，低下头来的麦穗都是饱满充盈。有良好的教养的人就像阳光，带给人温暖和幸福，相处起来让人觉得舒服，自然很容易赢得别人的认可和尊重。聪明的家长与其担心孩子会炫富、攀比，不如让"好教养"与孩子如影随形。因为真正的高贵不是出身，而是教养。

富有是每个人追求的生活状态，但是如果孩子只知道用家长给予的财富去炫耀、攀比，不知自我提升、不知进退、不知感恩，那这份财富对于孩子来说就是剂毒药。它正在毒害着孩子的心灵，也让孩子的前途变得渺茫。合格的家长既是"修剪师"，也是"领路人"，修剪着孩子成长过程中的私心杂念，引导着孩子去寻找属于自己的光明之路。

**别跟孩子哭穷，
别让孩子炫富**

# 金钱并不是奖励孩子的最好选择

为了激励孩子好好学习，为了让孩子懂事听话，为了让孩子更早独立，家长最常用的方式都是什么呢？最直接、简单、粗暴有效的方式就是奖励金钱。

毋庸置疑，家长、老师工作的动机多半是获得金钱，要养家糊口，用金钱来鼓励孩子也是屡试不爽。有物质刺激时，孩子不论是在学习还是生活自理方面都会有显著的进步。

事实上，很多事情证明，金钱奖励不过是饮鸩止渴。随着孩子不断长大，少量的金钱已经满足不了孩子的要求，有一天没有金钱奖励这个拐杖时，孩子还会有主动学习的求知欲吗？孩子长大后对金钱还能有正确的认识吗？

一个老头，每天都会到小广场散步。一天，一群孩子发现了这个安静的可以踢足球的好地方，习惯了安静的老头，对此很是烦恼。后来，老头想了一个办法，他把孩子们叫到跟前说：

## 第七章
### 别让孩子炫富，远离拜金主义

"为了让你们好好踢球，每天你们来到这里，爷爷就会奖励你们钱。"第一天，老头信守承诺，每人奖励了5元钱，孩子们比往常踢得更起劲了；第二天，孩子们如约而至，而老头只奖励了孩子们每人两元钱，孩子们虽说没有了第一天的热情，但也都认真地踢着球；第三天，孩子们依旧一个不少地来了，但老头没有给一分钱奖励，只是让孩子们好好踢。孩子们一看奖励没了，踢球的兴致也就没了，一哄而散，后来也就没有孩子来小广场踢球了。

老头的难题很快解决了，他又可以一个人享受小广场的安静了。

案例中，孩子们来到广场踢球是为了快乐而踢，老头的高明之处在于通过物质奖励，让孩子们为了钱而踢。随着钱一天比一天少了，孩子们逐渐消极，到后来没钱了，孩子们自然没有了踢球的动力，甚至已经忘记当初来广场踢球的原因了。

小故事很好地诠释了一个道理，用金钱奖励孩子并不是最好的选择。然而很多时候，老师、家长都成了那个老头。在学校里，老师用名次、成绩激励着孩子努力向前；在家里，家长用玩具、衣服、吃喝鼓励孩子好好表现。他们这样做的初衷是好的，是希望孩子考出好成绩，希望孩子成才，但刺激的方式却有待商榷。假如有一天激励的方式没有了，孩子还会听话，继续努力奔跑吗？

**别跟孩子哭穷，
别让孩子炫富**

◆ 金钱奖励弊端多多

有人说金钱是天使；有人说金钱是魔鬼；有人说金钱是通行证；有人说金钱是绊脚石，然而金钱本身并没有什么模样，不过是人们赋予了它角色，给它贴了标签。在对孩子的金钱教育上，首先家长应该意识到金钱与孩子间应该保持的距离，及时察觉到用金钱奖励孩子带来的弊端。

小陈同学家里的教育充斥着资本家的味道，从小陈懂事起，只要家里用得到小陈的地方都会给出相应的金钱奖励。从学习到家务，按照事情的大小、轻重，来计算酬劳，现在已经有明确的价码。小陈的爸爸妈妈很喜欢这种金钱奖励的方式，既不用操心，孩子做事也有动力。

一次，小陈在爸爸妈妈的鼓动下，报名参加了一个知识竞赛，竞赛的奖励分别是一等奖500元，二等奖300元。小陈为了得到这一笔金钱奖励，开始努力地学习竞赛知识。

终于到了竞赛的这一天，爸爸妈妈对小陈说："你要加油，你赢了，爸爸妈妈就会给你奖金。"小陈听了十分开心，凭借在知识竞赛中的优异表现，他如愿拿到了让他心动的奖金。最后，主持人分别问了每个参赛的小朋友一个问题，主持人说："你们来参赛的目的是什么？"问到小陈时，小陈很自豪地脱口而出："我是为了钱参加的。"

小陈的回答让在场的很多老师、家长都愕然了，很明显，小陈的回答是发自内心的。小陈的爸爸妈妈更是感觉挨了当头一棒，他们瞬间察觉到自己多年来用金钱奖励孩子的办法实则是害了孩子。如果说这项知识竞赛的奖励不是金钱，小陈根本不会来参加。多年的金钱奖励，在小陈心里树立了一个万事以金钱为导向的目标。

使用金钱奖励会给孩子造成一种心理暗示，使孩子对做好一件事的本身意义不明确，认为"钱"才是他做事的终极目的。在这种功利心的驱使下，孩子容易认为：有钱可以做很多自己喜欢的事情，钱才是做事的动力。

◆ 激发孩子前进的内在动力

你永远无法唤醒一个装睡的人，除非他自己愿意醒来。在孩子的教育上，要让孩子持久有动力地去做一件事，只有充分调动孩子内心的积极性和主动性，孩子才能步入健康成长的轨道。

今天周日，源源很开心，她又可以和爸爸妈妈一起到儿童福利院照顾小朋友了。原来，源源的爸爸妈妈都是志愿者，俩人也是在帮助他人的过程中相识相知的。源源自懂事起，就成了一位小小志愿者，每周日都和爸爸妈妈一起去照顾老人、照看孩子。在与需要照顾、需要帮助的人的接触中，源源越来越懂事，也越来越懂得生命的可贵。

一次，与小朋友约好了周日见面，可是到了那天，源源却怎么也没等到这个小朋友。原来这个小朋友先天性心脏病发作，没

## 别跟孩子哭穷，
## 别让孩子炫富

抢救过来，离开了人世。听到这个消息，源源震惊了，十分接受不了这件事，上周他们还玩得好好的，这周怎么就不在了。

回到家中，等源源情绪好些时，妈妈抱住源源并向她娓娓道来生命的珍贵与脆弱。或许，在源源这么小的时候就告诉她，会很残酷。但在这些生死离别、生老病死、天灾人祸的震撼中，源源也愈加珍惜生命、珍爱生活。

因为源源看到了有些小朋友缺衣少食，所以对接触到的每样东西都格外爱惜；她知道很多小朋友上不起学，所以倍加珍惜每次学习机会。

案例中，源源在学习和生活上，爸爸妈妈没有为源源操过一次心，源源的表现总让爸爸妈妈引以为傲。只因他们做好了一件事，那就是带着孩子在活动中感受生活、感受人生。活动结束后，他们引用一些具有道德或价值观内涵的事情来细心教育、引导孩子，自会在孩子心中不断发酵，留下深刻的印记。

在孩子的成长过程中，必要的时刻应给予他内心足够的震撼，以唤醒他的内在动力。先勾起孩子做事的兴趣，再去予以教授，会有事半功倍的效果。

孩子成长、成才的道路上，如果一味地通过金钱、物质来刺激孩子奔跑，慢慢地孩子会失去目标与方向，也会只以功利心去做事。聪明的家长应该懂得去激发孩子的内在动力，让孩子知道自己在做什么、为什么去做，明确目标才会加速奔跑。

第七章
别让孩子炫富，远离拜金主义

# 让孩子远离拜金主义

孩子的成长离不开父母的陪伴，每一对父母都希望自己的孩子长大后是行为得体、事业成功的人。很多家长小时候都吃过苦，从艰难的时期一步一步走到了富裕的生活，所以他们都想让孩子从小过得富足，会倾尽所能把最好的东西给孩子。但是需要家长注意，千万不要因为想让孩子过富足的生活而让孩子形成"拜金"的思想。

鸣笛的学校组织了一次小学生旅游采风活动，鸣笛参加完之后显得有些闷闷不乐，鸣笛的妈妈看到了之后就问："儿子，为什么去旅游了还不开心？"鸣笛说："好多同学都拿着相机和手机对着风景拍照，或是互相拍照留影，而我手里只有一个不能拍照的老人机。"鸣笛的妈妈听到之后，当时就冲着鸣笛的爸爸大声喊："嫁给你我算是倒了霉了，现在连孩子都得跟着你受罪，没钱没势力，孩子也会被人看不起。"随后又转头对鸣笛说："儿

**别跟孩子哭穷，
别让孩子炫富**

子，你长大了一定要赚大钱，要多跟有钱人家的孩子交朋友，不要像你爸爸一样，只有你将来有钱了，别人才会敬你、怕你。明天妈妈先带你去买手机，你在学校里要像有钱人家的孩子一样，这样才能更好地和他们交朋友。"

案例中，鸣笛的妈妈是典型的拜金主义者。当孩子对生活条件以及物质环境产生疑问时，她的第一反应是去抱怨孩子的爸爸，然后用物质去满足孩子，向孩子传递的是一种扭曲的人生观和价值观，对于孩子未来的成长是十分不利的。

孩子长大后的性格和行为方式，很大程度上源于家长的教育。家长对孩子潜移默化的影响是十分深远的，在日常生活中对事情的看法，往往会成为孩子处理类似事情的标杆。家长一定要对自己的行为方式慎之又慎，争取为孩子树立良好的榜样，让孩子的未来有良性的发展。

◆让孩子知道钱是怎么来的

孩子的自我判断力是比较差的，他们会以家长的行为表现为学习对象，并且很容易受到周围环境的影响。家长应该正确引导孩子对待金钱的态度，并且让孩子知道，只有通过自己的努力赚取财富才是光荣的。

春节过后，孩子们总喜欢讨论过节收了多少压岁钱，有的几千、有的上万，但糖糖每次听到同学们讨论这些话题都会显得十分沉默。有一次，糖糖实在忍不住了就问妈妈："为什么别人都有压岁钱，我却没有，以后别人给我压岁钱的时候，你别拦着了，我也要压岁钱。"糖糖的妈妈听到糖糖的话，微微一笑说道："糖糖，我问你一个问题，你的同学有多少压岁钱，或者别人给了你多少压岁钱，和你们有什么关系？钱是你们自己赚来的吗？别人给压岁钱，我们要还回去更多的压岁钱，这只不过是给大人增加负担罢了，有什么意义呢？如果你有本事，就要靠自己的努力去赚钱呀。"糖糖听了妈妈的话后，再遇到别人炫耀压岁钱的情况总会不屑一顾地说："有什么了不起的，又不是你自己赚的，我从来不稀罕别人给的压岁钱，因为我将来要靠自己赚很多很多钱。"

案例中，糖糖妈妈并没有直接回答孩子的问题，而是以反问的方式教导孩子，要通过自己的努力去赚钱，不要盲目地追求金钱的多少，而忘记自己的职责与任务。

家长在教育孩子的过程中，要不断地帮助他们树立自信和远大的目标，并教导他们要学会改变命运。想要获得财富，就要通过自己的努力去争取创造；要想过上理想的生活，就要把眼光放长远。不要随便盲目崇拜有钱人，要放宽胸怀，才能不断进步。

◆要让孩子懂得感恩，不因金钱而迷失自我

家长在培养孩子时，要让孩子懂得珍惜和感恩，要树立起金钱来之不易、不能随意挥霍的观念，更加不能成为为富不仁的人。在当今的社会环境下，人们的生活相对富足，加上孩子从来不愁吃穿，所以家长要注重孩子德行和财商方面的培养，不能让孩子产生过多的优越感。

很多时候，家长会认为钱对于孩子来说是比较敏感的话题，但这并不

### 别跟孩子哭穷，
### 别让孩子炫富

代表家长不能和孩子讨论关于钱的问题，要以开放的态度和孩子交流，明确孩子的想法、观念并加以正确的引导鼓励。

> 一航的爸爸经常给一航讲一些"拾金不昧""君子爱财取之有道"的道理，一航也经常和爸爸讨论新闻上看到的名人和名人事迹。一航常和爸爸说，他十分羡慕比尔·盖茨，因为他不但有才能，还十分有钱。一航经常挂在嘴边的一句话是：爸爸我要怎么样才能像比尔·盖茨一样有钱。爸爸每次听到儿子这样问，都会对一航说："儿子，只要你肯努力，一定可以成为你想要成为的人。不过，你现在不应该考虑变成他那样的人，你要把学习放在首位，将自己变成一个十分有才华、有能力的人，只要专注、努力地去做了，你一定会成功的。"这个时候，一航眨着眼睛问爸爸："到了那个时候我是不是就很有钱了？"爸爸问："儿子，你有了钱会做什么？"一航十分响亮地回答："我要带着爸爸妈妈去环游世界，在路上不断地帮助别人，像爸爸一直和我说的那样，变成一个不但能够为社会做贡献，而且能够回馈社会、帮助别人的人。"

案例中，一航的爸爸对孩子进行正能量思想教育，并且正确地引导孩子认识金钱，完全不会回避和孩子谈论这样的话题。在这样的教育方式下，孩子会大胆地表达出自己内心的真实想法，便于家长进行纠正和引导。

孩子总会有各种各样的想法，有的想法在家长看来是不切实际的，甚

第七章
别让孩子炫富，远离拜金主义

至是不务正业，但家长一定要引导孩子说出来产生想法的原因，这样才能更好地根据孩子的思维方式进行教导。

教育孩子马虎不得，不但要预防孩子产生拜金思想，还要不断地对孩子进行引导，让孩子有机会通过自己的双手努力赚钱，让孩子的未来能够充满光明。

**别跟孩子哭穷，
别让孩子炫富**

# 让孩子学会独立

在家长心中，孩子永远是孩子，孩子永远需要家长为他遮风挡雨、披荆斩棘。很多家长舍不得孩子吃一点苦、受一点累，害怕孩子顶不住吹来的狂风，担心孩子承受不了袭来的大雨。很多时候，家长除了想方设法地为孩子筹谋外，甚至会代劳。

家长疼爱孩子无可非议，但是一定要让孩子在不同的年龄段学会自己该做的事情，只有这样，孩子才能在每一个成长阶段获得新的知识和提升，才能让孩子有更好的人生旅途。

周周自从出生以来，她的爸爸妈妈就很疼爱她。到了周周会吃饭的时候，妈妈从来不让周周自己动手吃，每次都是跑着喂；周周学走路的时候，爸爸怕她摔倒，每天都陪在周周身边扶着她走；周周想自己穿衣服和鞋子的时候，每次刚拿起来，爸爸妈妈就跑过来帮她穿好。在周周的爸爸妈妈眼里，周周只是个3岁的

## 第七章
### 别让孩子炫富，远离拜金主义

小孩子，这些事情他们都可以帮着周周完成，这样才能表达出自己对孩子的呵护和爱。

有一天，周周的爸爸妈妈要带周周去姥姥家，在将周周的裙子拿出来后，爸爸妈妈就去收拾东西，但是当他们收拾好了之后，发现周周依然坐在床边，连袜子都没有穿。妈妈忍不住问周周："宝贝，你怎么不自己把衣服穿上？"周周看了一眼妈妈，大声说道："你们干什么去了，为什么不过来给我穿衣服？"爸爸妈妈当时就呆住了，因为周周已经差不多4岁了，完全可以自己穿衣服，现在却反过来质问他们，这让一直疼爱周周的爸爸妈妈不知道如何是好，也不知道到底错在了哪里。

案例中，周周的爸爸妈妈一直在为周周"代劳"本该由周周自己承担的任务，让周周认为自己的一切事情都会有人帮着做，而自己只需要坐在那里等着就可以了。这种不独立的习惯是周周的爸爸妈妈使她养成的，对于周周日后产生的影响也十分深远。

在现实生活中，家长往往会觉得孩子年纪太小，就为其代劳一些事情，但是这对于孩子锻炼动手实践能力是很大的阻碍，会让孩子在成长过程中失去独立自主的品质。孩子什么也不做或者只能做很少的事情，很难让孩子形成独立性，家长应该鼓励孩子独立完成自己的事情，这样才有助于孩子未来的成长和发展。

◆适当放手，让孩子学会独立

独立的思想会支配独立的行为，家长应该在生活中有意识地对孩子进

### 别跟孩子哭穷，别让孩子炫富

行独立性的培养。家长要对孩子进行不断地引导，既不能大包大揽，也不能完全放手，要给孩子表达和展示自己的机会，并且适当地进行鼓励和教导，不能过多地帮助和指责孩子。

妞妞到了上幼儿园的年纪，爸爸妈妈商量着送妞妞到幼儿园上学。幼儿园开学的时候，妞妞的爸爸妈妈一起去送妞妞。在幼儿园的门口，有很多家长来送孩子上学，有的孩子在玩耍；有的孩子被妈妈抱在怀里；还有的孩子在哭闹。妞妞牵着妈妈的手走进了幼儿园，家长和老师看到不哭闹，且自己走路来的妞妞，十分惊奇，纷纷向妞妞的爸爸请教育儿经。原来在家里的时候，妞妞的爸爸妈妈就有意识地培养妞妞自己动手的能力，自己吃饭、自己穿衣服、自己洗衣服、自己收拾玩具，一旦妞妞有了自己的想法，爸爸妈妈的第一反应就是支持妞妞。只要是妞妞感兴趣并且没有太大危险的事，他们都会鼓励妞妞自己去做，这也就养成了妞妞独立自主的生活习惯，即使爸爸妈妈不在身边也完全不用担心。

案例中，妞妞的爸爸妈妈不但让妞妞"自己的事情自己做"，而且会尊重妞妞的想法并鼓励她的行为，这对于培养孩子的自理能力和独立意识是十分必要的。家长要让孩子知道对自己的行为、生活负责，从小就进行独立自主的教育是孩子长大后独立面对生活的最佳助力。

富兰克林说过："人类一生的工作，无论精巧还是粗劣，都由他的每一个习惯所决定。"从小就对孩子的独立性进行培养，对于孩子未来的成长发展和幸福生活是无比重要的。孩子的自主能力决定了他的天性，独立性强的人自我调节能力也强，孩子会因此变得更加有主见。家长都要知道，对于孩子只能包办一时，不能包办一世，要以不变的耐性和爱护去支持孩子，而不是任何事情都为他代劳。

◆比学习知识更重要的是让孩子有独立自主能力

很多家长认为，对于孩子的家庭教育就是要提升孩子的智力水平，所以孩子一定要赢在起跑线上。两三岁读唐诗宋词，四五岁背英文单词，以后上学了要请家教、上辅导班，一定要以优异的成绩考上名牌大学，将来才会出人头地、才能成为有用之才。

但是对于孩子的教育来说，独立自主的重要性大于学习知识。孩子有独立自主的能力，必定会有突出的地方，不论是学习成绩还是其他技能，但是只会读书却没有自主性的孩子，未来的生存必定会受到社会的巨大挑战。

王硕是一名刚刚毕业的师范生，毕业后他进入了一所小学任教。有一天放学的时候，王硕将孩子们送到校门口，看着大部分家长都把孩子接走了，只剩一个7岁的男孩没有人来接他。王硕准备给孩子的妈妈打电话，但是这个男孩却说："老师，电话您不用打了，我妈妈说今天不来接我了，让我自己回家，您放心吧，没事的。"于是，王硕耐心地告诉孩子该怎么走、怎么过马路、如何注意安全。虽然这个孩子的家离学校不过10

**别跟孩子哭穷，
别让孩子炫富**

分钟路程，但是王硕依然很担心，便打电话给孩子的妈妈。孩子的妈妈告诉王硕，其实她就在不远的地方偷偷地看着孩子，为了让他能够独立自主，就必须让他在经历中成长，父母不可能一辈子陪伴着他。

案例中，妈妈对孩子的教育可谓是用心良苦。为了让孩子能够自我成长，养成独立自主的性格，孩子成长过程中的习惯和独立性的锻炼一定不能少，只有真正学会了生活上的自理，才能够独立面对生活中出现的种种问题，才能够更好地学习各项知识、技能。

在孩子学习的过程中，成绩的提升是家长十分关注的事情，但是相较于孩子未来的发展，孩子成为一个有主见、能独立的人，才能很好地把控自己的学习，成绩也一定会获得很好的提升。

对于成长中的孩子来说，家长要学会培养孩子，让孩子的行为变成习惯，让孩子的习惯造就他独立自主的性格，让独立自主的性格成为孩子收获人生的助力。孩子终将独立面对世界，请家长让孩子学会独立。

第八章

# 合理消费，让孩子成为理财高手

**别跟孩子哭穷，
别让孩子炫富**

# 让孩子拥有正确的消费观念

随着孩子慢慢长大，他们知道了花钱消费，从压岁钱到零花钱，再从零花钱到整钱。家长就应该帮助孩子养成合理的消费观，这对孩子日后的生活大有裨益。

孩子消费观的养成，与家长的正确引导不可分割。在日常生活中，家长应该教导孩子树立正确的三观，让孩子认识到现实生活的不易，并有意识地养成勤俭节约的消费观念。

有一天吃完晚饭后，妈妈带着晓琪去超市买水果。买完水果经过玩具区时，晓琪拉着妈妈说："妈妈，妈妈，我想玩一会儿。"可是玩着玩着，她就向妈妈要新款的娃娃玩具。

妈妈说："前段时间，爸爸出差回来不是刚给你买了个玩具吗？"

晓琪说："这个是新款的，我同桌昨天就买了，妈妈，我也

## 第八章
### 合理消费，让孩子成为理财高手

想要一个"。

看晓琪这样，如果直接说不买，晓琪一定会发脾气。这时妈妈心生一计，说："妈妈忘记了家里那个是不是和这个一样了，如果不是，我们再决定买不买，好不好？我们先回家去看看。"晓琪点点头答应了。

回到家妈妈一看，两个玩具一样，只是变了个动作。妈妈想着不能什么事都由着孩子的性子来，必须要让孩子知道什么该买，什么不该买，就和晓琪说："这个玩具妈妈可以给你买，但如果过段时间又出了新的玩具是不是也要买回来？如果是这样，咱们以后就可以开玩具店卖玩具了。"

说完妈妈看了看晓琪，又接着说："今天你同桌新买了个玩具，咱们跟着买；过几天，你同学又新买个玩具，咱们也要买回来。这样和其他人比，是没有止境的。宝贝，买东西要看自己需不需要，而不是别人有你就得有。今天花的是爸爸妈妈挣的钱，长大后就要花自己挣的钱，不论谁挣钱都是很辛苦的，要知道钱来得不易。"

晓琪听后似懂非懂地点了点头，撅着小嘴说："妈妈，我有些明白了，下次不会这么任性了。"

孩子是带着一颗好奇心开始接触外面的世界，在这个过程中，孩子的认知开始发生变化，家长在旁边一定要见微知著。消费上，不能让孩子养成随便花钱、攀比花钱的习惯，要是任由孩子这样下去，长大后孩子的经济状况很可能是入不敷出。

**别跟孩子哭穷，
别让孩子炫富**

◆ 理财也是合理消费的一部分

合理消费不能只停留在买东西上，要让孩子知道钱的花法有很多种，比如可以投资、理财。

小勤的爸爸妈妈都是工薪阶层，但小勤家住的却是高档小区，这全都要感谢理财小能手——小勤的妈妈。因为妈妈善于理财，让夫妻俩的工资钱生钱，生出了四个人的工资，甚至更多。对于小勤的教育，妈妈也在慢慢渗透这一点。

在花销上，小勤早早地"继承"了妈妈的优点，到商场、超市只买需要的物品，清单上没有的东西就不看，避免过度消费。

小勤10岁时，妈妈说："小勤长大了，妈妈跟你说，其实合理消费不只有计划地买东西，还可以把钱拿去储蓄、投资，这样才会更有钱呀。"小勤一听很兴奋，想着钱还可以这样消费，激动地说："妈妈，快教教我吧。"妈妈见小勤这么积极很高兴："那我们就先从储蓄开始吧。比如，妈妈这个月给了你500元零花钱，你可以选择都拿去消费，也可以像妈妈教你的，买了需要买的，留出一部分钱拿到银行存起来。"听了妈妈的话，小勤兴奋地跳了起来："我现在就去银行。"

案例中，小勤的爸爸妈妈拿着工薪阶层的工资，住在高档小区，主要得益于妈妈会花钱、会理财、会消费。在小勤很小的时候，妈妈就有意识地对小勤进行消费方面的教育，相信小勤长大以后的生活也会过得富富有余。

如果让孩子知道理财也是一种消费，孩子就会根据自己的情况进行选择，同样，当计划中要把一部分钱放到银行后，相信孩子在消费上也会有所节制。

◆ 远离打折、降价的消费陷阱

商家的打折促销活动花样百出，一不小心就会掉入陷阱，家长要教孩子练就"火眼金睛"，避免冲动消费。同时，也要让孩子明白不是因为便宜就得买，而是因为需要才会买。

女儿团团打小由奶奶带着，一起生活时间长了，团团的生活习惯和奶奶十分相像。

上小学后，团团才回到爸爸妈妈身边，每天爸爸妈妈上班前，都会给团团留些零花钱，让团团自己支配。一天，妈妈收拾团团的房间时，看到团团的柜子里堆满了东西。仔细一看，不是玩具，再仔细一看，都是一些包装不完整的零食，重要的是很多零食都快过期了。妈妈把团团叫过来问："这些零食都是在哪里买的呀？"

"超市，还有校园门口的小卖部。"团团还自豪地说："妈妈你看，你给我一天的零花钱我买了这么多零食，划算吧？"

"嗯，挺划算的，团团知道省钱了。"妈妈先是表扬了团团，然后把零食摆到床上，一一分析起来，"你看这个零食快过期了，如果你吃了它生病了，爸爸妈妈不仅要担心你，而且你还要打针、吃药，那就得不偿失了。所以呀，你知道花钱节俭是好事，妈妈很欣慰，可是如果买回来的便宜东西不好，那是不是还不如不买呢？挣钱不容易，花钱买的是让我们高兴的东西，而不是去买便宜东西。"

"妈妈，我知道了，要买就买自己用得到的东西。"

案例中，团团自小在奶奶身边长大，受老人节俭观念的影响，会去买打折商品。如果只知道买便宜的商品，没有分辨商品好坏的能力，更不想以后能不能用得到，这样就会造成浪费。

"钱要花到刀刃上"，买打折商品的出发点是想买到实惠，但如果买回来的物品用不上，或是吃了伤身体就因小失大了。在消费上要让孩子知道不管东西有多好，一定要先考虑是否适合自己，再决定买不买。

消费观影响着孩子日后的经济状况，合理科学的消费观可以帮助人们摆脱经济困扰。在孩子成长的过程中，不仅要及时纠正他们不正确的消费方式，更要引导孩子养成合理的消费观，让孩子在日后的生活中把有限的金钱花得更有意义。

第八章
合理消费，让孩子成为理财高手

# 帮助孩子制订科学合理的支出计划

做事情前如果能先制订一个计划，执行的过程中就不至于手忙脚乱。在消费过程中，合理的支出计划，可以减少因为资金短缺而带来的很多问题。生活中，很多人因为不善于为自己制订支出计划，不知如何分配自己的工资，常常会陷入财务危机中，因此才会有越来越多的月光族。

科学合理的支出计划在帮助孩子合理分配钱财、避免孩子胡乱花钱的同时，还会让孩子养成存钱的习惯。家长应该在孩子小时候为其制订出合理的支出计划，以此来控制孩子的消费欲望，坚持下去孩子就能科学、合理地支配自己的金钱。

为了让孩子能更早地独立生活，小登中学起就被送到寄宿制学校上学。他的爸爸妈妈每周可以来学校一次，每次来看小登，也会留些零花钱。等到上初二时，小登开始自己要钱了，而且要得越来越多。从初一时每周妈妈给50元，到现在小登每周自己

**别跟孩子哭穷，
别让孩子炫富**

要500元，这让妈妈很担心。每次问小登钱都花到哪里去了，小登也一阵迷糊，完全不知道买了什么，花在哪里，反正就是不够。这让妈妈很费解，平时吃、住、用学校都管，一个学生一周哪里需要用到这么多钱。

跟班主任一沟通才知道，原来老师也说过小登爱花钱这个问题。平时花钱大手大脚，看什么好买什么，同学有什么自己就要有什么，但是老师说了几次也没用。妈妈听后就更加担心了，本来送孩子到寄宿学校上学是要锻炼他独立自主的能力，如果只是让孩子学会毫无节制地花钱，这样得不偿失。

案例中，小登妈妈的烦恼相信很多家长都有过，孩子意识不到挣钱不易，更不知道存钱、理财，在孩子的意识中对于钱只有一种处理方式，那就是花钱，而且花完还可以再向父母要。如果家长引导不正确，过分宠溺孩子，慢慢孩子就会养成爱花钱、随便花的不良习惯。

要改正孩子无休止花钱、冲动消费的坏习惯，家长可以帮助孩子制订科学合理的支出计划，为孩子的消费带上一个"紧箍咒"。家长负责引导支出计划的完成和监督支出计划的进展，让孩子参与其中，并对自己的支出项目有明确的认识。

◆可以从制订短期消费计划开始

支出计划的制订要根据情况而定，如果孩子自控能力弱，家长可以先从短期的消费计划开始，且在制订支出计划的过程中不要过多地干预。

# 第八章
## 合理消费，让孩子成为理财高手

周末，琳琳嚷嚷着要和妈妈去超市购物，但是妈妈一想到上次带琳琳去超市，琳琳要这个要那个就十分头疼。这次，妈妈学聪明了，想了个好法子。

"琳琳，妈妈今天可以带你去超市，但是你只能选购一件自己心仪的商品，价格不能超过30元。如果你答应了，妈妈就带你去，要是你这次乖，妈妈下次还会带你去。"听了妈妈的话，琳琳高兴地说："好的妈妈，我答应你，我一定会很乖，我非常想要一个漂亮的娃娃，但具体买哪个要到了超市才能决定。"

妈妈拉着琳琳的小手走进了超市，因为这次可以自己决定买什么东西了，琳琳特别兴奋。她选了好长时间，在比较了娃娃的样式和价格后，琳琳很乖地买了一个28元钱的，且自己喜欢的娃娃。

"嗯，表现很好，继续保持。"妈妈满脸笑容地说着。

案例中，琳琳妈妈这个方法很管用，先给孩子限定了商品的价格，孩子只能在这个价格范围内来选购自己喜欢的商品。事实上，在这个过程中孩子已经在试着制订支出计划。孩子知道自己的支出最多就是30元，所以就不能奢望买更贵的商品，高出30元的商品也就不再看了。

一些家长出门逛街不带孩子，是怕孩子看到商品后，内心的购买欲被瞬间点燃，哭着闹着要买，让他们觉得很尴尬。有些家长则善于通过巧妙的小方法，有效地让孩子控制自己的消费欲，孩子也心甘情愿地接受家长提出来的条件。

**别跟孩子哭穷，
别让孩子炫富**

为了避免类似的事情发生，家长要让孩子制订出一个支出计划表。购物之前让孩子把自己需要的商品列在清单中，然后严格按照清单上的商品进行购物，这样就可以有效地减少因为冲动而盲目购物的情形出现。

◆制订了支出计划就要严格执行

制订支出计划只是第一步，能否顺利完成才是关键。在计划实施的过程中，家长可以做监督员来监督，也可以让计划本身就带有一定的监督性，这样的支出计划顺利实现才具有真正的意义。

如果孩子能够按照自己事先制订的消费计划来执行，家长就要及时对孩子进行表扬，并给予他们一定的奖励。当孩子没有严格按照计划来进行消费的时候，家长则应该对孩子进行一定的惩罚。

过春节，亲戚朋友给了李想好多压岁钱，一共980元，可把李想高兴坏了。为了防止李想把这笔钱胡花了，爸爸把儿子叫到身边说："儿子，今天老爸教你一个好方法，让你的钱可以变得更多。"李想一听就来了兴致。

爸爸先是和李想一起计算了他半年时间需要的零花钱数目，并预计必须支出的费用，详细地列出了日常必需的开销。他们还约定，如果没有意外情况，一定要严格按照计划执行；如果有意外状况，超出了计划开支，李想则需要以打工的形式挣钱补上。

支出计划制订后，李想按计划严格地执行着，半年后，他的零花钱数目已经达到了预定的目标。看李想表现这么好，爸爸拿出了500元奖励李想，父子二人又悄悄地做着下一步的支出计划。

## 第八章
### 合理消费，让孩子成为理财高手

案例中，爸爸把每月给孩子的零花钱数目进行固定，并且让孩子把必要的支出项目一条条地详细列出，在充分全面地考虑到所有情况之后，与孩子一起制订出科学的理财计划。计划制订后孩子严格按计划执行，计划有变化时，孩子自己会想办法把计划外花去的钱贴补上，这样每分钱都花在了刀刃上。

孩子自控能力差，很容易经不起诱惑。如果孩子没有理财目标，花钱大手大脚，就会影响孩子日后的成长。当家长和孩子一起制订了合理的支出计划后，孩子认真执行，家长就免去了对孩子钱不够花的担心。这样既避免了孩子的盲目消费，也教会了孩子理财，端正了孩子对金钱的认识，更提升了孩子今后积累财富的能力。

帮助孩子养成制订支出计划的好习惯，矫正消费观，会对孩子日后的生活带来很大的改观，这不仅可以提高孩子的理财能力，还可以让孩子做事的时候变得更加有条理。

**别跟孩子哭穷，
别让孩子炫富**

# 让孩子成为家庭理财小帮手

很多家长从胎教时就开始注重对孩子情商和智商的培养，不仅如此，孩子的财商更要从娃娃抓起。为了让孩子在财富路上先他人一步，家长从小就该为孩子树立正确的理财观念。

在家庭理财中，教孩子理财的过程就是教孩子如何过日子，让孩子参与到家庭中大大小小的财务决策中来，承担家庭的决策任务。这时孩子会受到一定的重视，很有成就感。

娜娜和昊昊是一对龙凤胎，但兄妹二人的性格却截然不同。昊昊阳光、乐观、积极，而妹妹则内向，且忧郁寡言。性格所致，从小家里不管是大事还是小事，昊昊都爱往前凑，一边听着，一边插上两句嘴；妹妹则不同，总爱藏在自己的小天地里，事事不爱关心。

平时爸爸妈妈对兄妹二人都是一样教育，但对于兄妹二人性

## 第八章
### 合理消费，让孩子成为理财高手

格上的差异，他们却不以为意。他们认为，男孩子就该多和外面打交道、多参与家里的事、多承担责任，以后才能挣钱养家；对于女孩，就是平时多读读书，好好学习，考个好大学，嫁个好人家就行了。

兄妹二人上大学后，妈妈给了二人一样的生活费，半学期结束了，妈妈算账时疑惑了。令妈妈不解的是，为什么哥哥的生活费到了学期结束还剩一些？而妹妹的生活费两个月就都花没了呢？人家都说女孩子爱攒钱、花钱省，怎么我家的就偏偏不一样呢？

案例中，这种情况在妈妈看来很匪夷所思。事实上，从兄妹二人平时在生活中的表现就很容易知道，哥哥平时爱参与家里的事，慢慢也就知道父母挣钱的不易；而妹妹"两耳不闻窗外事"，对这些都不关心。在爸爸妈妈的带动下，哥哥知道如何能管好钱，所以长大后，对于花钱就有一定的把控力了。妹妹则不同，她从小就对钱没什么概念，上大学后，妈妈突然把一笔钱都交给她，她难免会有些措手不及。没有规划地花钱，把不需要的东西都买了，钱很快也就花光了。

理财观念的培养要从小抓起，为孩子输入正确的理财观，当孩子对财富有一定的认知时家长要积极鼓励孩子为家庭的理财贡献力量。

◆ 支持孩子贡献理财智慧

孩子的积极性需要调动，在家庭理财教育中，家长要引导孩子成为家庭理财的参与者，积极献策，并适当给予鼓励，让孩子知道自己的重要性。

**别跟孩子哭穷，**
**别让孩子炫富**

小冰 3 岁时开始识钱，慢慢分得清人民币的面值；5 岁时，妈妈带小冰购物，让小冰自己拿钱去结账；8 岁时，小冰开始自己管理零花钱；12 岁时，小冰就对金钱有了小小的认识。在妈妈的许可下，她自己有计划地花钱、攒钱，并了解投资知识。

一天放学回到家，小冰看到爸爸妈妈正在争执，一问才知，原来是爸爸刚发了 5 万元的年终奖金，但是对于这笔钱的分配两人意见不统一。妈妈认为放到银行储蓄好，安全、还有利息；爸爸则想去做投资，想要拿去买股票。

小冰一听是这个问题，瞬间来了兴趣，说："爸爸妈妈，按照平时你们教我的理财知识，可以这样安排：我们可以拿 2 万让妈妈去储蓄，2 万给爸爸玩股票，剩下的 1 万可以选择投资当下热销的理财产品。这样既降低了风险，也保证了收益，还满足了爸爸妈妈的愿望。"

爸爸一听，表扬了小冰："可以呀，平时没白教你，现在都能给我们出主意了。"

案例中，爸爸妈妈有意识地对小冰进行理财观念培养，让小冰有了自己的金钱观与消费观。当看到爸爸妈妈对金钱分配有不同意见时，小冰很快就提出了解决办法，为家庭的理财贡献了自己的一份力量。此时，不仅会让小冰找到自己存在的价值，更让她坚定了学习理财知识的信念。

家庭理财是中国理财业的未来和希望，孩子又是每个家庭的未来和希望，所以孩子从小接受理财教育，形成一定的理财观，以后也就不会因为

第八章
合理消费，让孩子成为理财高手

经济问题而苦恼。

◆不要让孩子远离家庭理财

孩子从出生起就是家庭的一员，对于家庭的理财，家长有责任一步步引导孩子参与其中。如果让孩子远离家庭理财，只会让孩子对金钱失去兴趣，最后成为金钱的奴隶。

爸爸妈妈平时对钱的管理十分严格，开始时，小辉听到爸爸妈妈讨论钱的问题时还爱往前凑合，可是每次妈妈都找理由支开小辉，慢慢地小辉也就没了兴趣。打小，小辉很少能接触到钱，平时吃的用的都是小辉列个清单，妈妈给小辉买回来。爸爸妈妈这样做，一是不想因为钱影响小辉学习，二是听说亲戚家的孩子有偷钱行为。在爸爸妈妈看来，让孩子长大后再接触钱，就不会有这些问题。

小辉一天天长大了，对钱依然毫无认识，上大学后，爸爸妈妈也管不了太多，就为小辉办了一张卡，把生活费存在里面。但是钱对于小辉来说就是一个数字，平时看到喜欢的东西就买，可是很多次买回来的东西不是不实用，就是买贵了。看到同宿舍一位同学花钱、攒钱、理财都很在行，就把自己的生活费交给了同学代为管理，还另付了管理费。

案例中，很显然爸爸妈妈对小辉的教育方式存在很大的问题，他们不仅对小辉的财商教育不到位，更因为顾虑，让小辉远离金钱，导致了小辉

205

**别跟孩子哭穷，
别让孩子炫富**

对金钱缺乏基本认知。连花钱都嫌麻烦、都处理不好，就更不要指望小辉以后攒钱做投资理财了。

从小学习理财，可以让孩子终身受益。从短期的效果看，会养成孩子不乱花钱的习惯；从中期的效果看，会培养孩子的投资能力和处理人际关系的能力；从长期的效果看，会养成孩子独立的生活能力和家庭责任感，成为一个对社会和家庭都有用的人。孩子学到相关的理财知识后，更会相信有付出才有收获，间接增强了孩子的自我保护能力。

好的家庭教育是孩子成长的必要条件，从小加强对孩子的理财教育，更利于把孩子培养成一个独立的人、一个成功的人、一个能承担家庭责任的人、一个孝敬父母的人。一句话：让孩子成为一个有用的人。

# 别让虚荣侵入孩子的心灵

在物质生活日益丰富的今天,人与人之间的关系很容易被虚荣心影响。随着孩子不断成长,他们逐渐开始敞开心扉迎接外面的世界,在开阔眼界的同时,社会上诸多不良风气也会进入孩子的视野。

作为家长,为确保孩子健康成长,对于遏制虚荣心在孩子心中生根发芽一定要高度重视。因为孩子一旦堕入虚荣的深渊,不仅会对物质生活产生盲目追逐的心理,同时还会滋生出自卑心理,长期发展下去,他们将失去作为孩子本该拥有的天真与快乐。

◆ 警惕缺失给孩子带来的虚荣心理

年龄尚小的孩子心智不是十分成熟,非常容易受到周遭环境的影响。一些同龄孩子所具备的优越条件会让这些不具备的孩子慢慢变得怀疑自己,甚至为了所谓的"追赶"而制造假象麻痹自己,以此来缓解这种巨大的心理落差。与此同时,虚荣心乘虚而入,在孩子心中徘徊,不愿离开。

**别跟孩子哭穷，**
**别让孩子炫富**

　　杨光出生在一个普通的农村家庭，家中一年的主要收入来源就是耕地。虽然物质条件并不好，但是杨光的爸爸妈妈却都知道良好教育的重要性，因此从杨光上学开始，夫妻二人就没日没夜地操劳，农忙过后就出去打工，到了季节再回来种田。就这样，夫妻二人积攒了一定的钱财，打算为孩子日后读书做准备。杨光也十分争气，中考以地区第一的成绩考入了省重点高中，这让爸爸妈妈乐开了花。

　　来到大城市的杨光算是大开眼界，高楼林立、人群车辆川流不息，还有便是一个个家境优越的同学。开始的时候，杨光对此并没有过多的想法，可是随着朝夕相处，他越发感到自己和其他人的差距。"为什么我要生在这么穷的家里？""他们是不是心底里都很瞧不起我？"等一系列问题在他心中产生，他在与同学们的日常相处中越发自卑了。慢慢地，他像是变了一个人——将自己的生活费省出来买名牌衣服，谎称自己买了好多套；每次提及父母，他都说他们是做国际贸易的，平时很忙，只有节假日才能看到，等等。同学们每次听到杨光在一旁侃侃而谈，都表现出浓厚的兴趣，一时之间，他成了班上的"小明星"。

　　但是，在一次家长会上，当老师念到杨光名字时，杨光的妈妈向讲台上点头致意。很快，妈妈发现自己身上集结了很多种目光，还有很多同学不断看向杨光，眼里充满了不解。回过头来，看到小脸涨得通红的孩子，急忙询问："怎么了？"杨光轻声说："唉，露馅了。我说你俩是做国际贸易的大老板，今天直接被你自己给拆台了。"

听了儿子的话，妈妈发现自己给孩子"丢脸了"。可儿子原来不是这样的人啊，这半年都经历了什么？带着疑惑和心痛，看着不再吐露一字一句的儿子，妈妈陷入了沉默。

案例中，杨光是个要强的孩子，家境贫寒加上爸爸妈妈的操劳让他有足够的动力好好学习，也成功考入理想的中学。但是来到新环境后，与同学之间明显的差距让他自卑，又没有人可以倾诉，所以虚荣借机到来，让他开始为了所谓的自尊心而满嘴谎言，被拆穿后，又开始抱怨母亲。而母亲因为只顾着赚钱养家而无暇顾及孩子的成长历程，最终造成了越来越接近失控的局面。

人在与所处环境中的大多数人相比较时，如果感觉到在某些方面有明显的缺失，就会产生自卑心理，慢慢地，虚荣心理作为一种心灵空虚的填补就会悄然生长，长期下去将彻底占据你的心灵。这种情况在成人的世界都屡见不鲜，更何况是孩童。家长对于这种情况要时刻保持警惕，积极与孩子进行沟通交流，排解孩子心中的负面情绪，增进彼此的信任，只有这样孩子才能最大程度地对你敞开心扉。

◆盲目攀比是孩子虚荣心暴涨的源泉

校园攀比风最近几年有迎风暴涨的趋势，同龄孩子间从学习成绩到衣着打扮，从父母的职业、职位到家庭的经济水平，但凡是可以用来当作谈资进行比较的，几乎都要被孩子拿到台面上来进行明码标价。在虚荣心的驱使下，学生间不断地上演一出出可笑的闹剧，着实让很多家长为之头疼。

### 别跟孩子哭穷，
### 别让孩子炫富

曹松发现儿子上了初中以后，开始越来越频繁地向自己和妻子索要零花钱，原本以为只是开学季需要的东西多，所以才花得多了，毕竟孩子长大不少，多点零花钱也无可非议。可是最近，儿子又要买新书包、新手表、新衣服，曹松左思右想，觉得事情没自己想得那么简单，就决定和妻子一起找到儿子交流一番。

经过交谈他发现，原来儿子是滋生了攀比心理。来到初中校园，见到其他家境优越的孩子全身都是名牌，同时每天还会有大量的零花钱，儿子心里开始不平衡起来，所以最近一段时间才表现得如此反常。了解到情况之后，曹松对儿子说："儿子，你这样的想法是不对的。首先，我们的家庭条件很一般，无法和他们一样花钱大手大脚，给孩子买那么多东西；其次，你真的觉得他们的新衣服、新背包那么吸引你吗？作为学生，最重要的、最让人欣赏的不该是对学习的热情吗？如果你能考出好成绩，相信欣赏你的人会远远比羡慕那些富家子弟的多，你说呢？"儿子听后若有所思，不一会儿就点头同意，并保证以后不会再多要零花钱了。曹松见状，欣慰地笑了。

案例中，曹松发现儿子有了攀比心理后，没有急于拒绝孩子的请求或是责骂孩子，而是选择给孩子心平气和地讲道理，让孩子明白自己目前状态的不对，最终成功劝阻了孩子，是家长教育子女的典范。

盲目攀比对于正处于身体与心理双重快速发展期的孩子无疑是有百害而无一利的。在攀比中占据上风的孩子会滋生毫无根据的自信，进而发展成自负；而若是长期处于下风，孩子则可能慢慢变得自卑且敏感，失去了作为孩子最基本的快乐。无论是哪种情况，都是家长不愿看到的。为此，家长要教给孩子正确的价值观，杜绝攀比，将自己的精力更多地投入到学习文化知识与提升自身综合素质上去。

**别跟孩子哭穷，**
**别让孩子炫富**

# 如何对待孩子的名牌情结

当今社会，名牌效应在日常生活中日益凸显，如今的吃穿住行各个领域都被各种名牌充斥着。孩子本身就对新奇事物充满好奇，在各种名牌的营销战略下可以说是毫无抵抗力，很多孩子在接触到名牌之后往往都深陷其中，无法自拔。针对这种情况，家长既不能骄纵孩子，让这种名牌情结在其心中滋生并壮大；也不能刚性管制，不然容易让孩子出现抵触心理。家长要通过引例或是侧面教育对孩子进行良性引导，让孩子真正明白其中的利害，发自内心地接受教导和建议。

杨华的儿子今年 10 岁了，从小到大几乎没怎么让他费心过，不过他最近却有些苦恼，因为孩子前几天开口向他索要一套十分昂贵的衣服。

因为儿子看到班里有几个同学都穿着名牌衣服，十分心动，所以回到家后便和爸爸妈妈探讨起此事。其实杨华心里的想法是

第八章
合理消费，让孩子成为理财高手

不想给儿子买这些衣服的，并不是家里的经济条件不允许，而是他觉得没有必要。一来，花那么多钱给孩子买了衣服后，不知道他能穿多久就会失去新鲜感，容易造成浪费；二来，他担心自己的放任会让儿子对名牌衣物逐渐热衷起来，到时候形成难以控制的局面。可是话虽如此，面对孩子渴望的眼神和近乎央求的语气，他始终无法下定决心拒绝孩子，也想不到合适的说辞来打消孩子在这上面的念头。晚上，他和妻子商量之后发现，两人的想法基本一致，都是苦于不知如何说服孩子。

这几天，每到闲暇时，杨华总是不禁想起这件事，着实让他头疼不已。

案例中，杨华面对孩子对名牌衣物的索要没有着急答应，是因为他知道其中的利害，但是苦于不知如何说服孩子而不得不将孩子的请求暂时搁置。虽然没有让名牌情结在孩子心中轻易生根发芽，但是一边是焦急等待的孩子，一边是焦头烂额的父母，结果事情还是无法得到妥善解决。

面对孩子购买名牌的请求，拒绝是必要的，不过要寻找恰当的解决方式，既不能伤了孩子的心，也不能任由事态发展。家长最好在商量过后，将自己真实的想法用合适的语言转达给孩子，让孩子学会自己思考消费上的问题，这样的解决方法往往是最稳妥的。

◆别让孩子习惯于名牌生活

很多孩子对于名牌的痴迷都不是一朝一夕之间形成的，他们中的绝大多数人都是在家长最开始的放任下，变本加厉地索要名牌。所以说，名牌

### 别跟孩子哭穷，
### 别让孩子炫富

情结的形成不单单是孩子的错，家长往往也有不可推卸的责任。

小段最近为了女儿购物的事情可是烦透了，为什么呢？原来，女儿又吵着和他要名牌了。其实每次女儿买衣服鞋子跟他讲要选名牌的时候，他都想出口制止，但是话到嘴边就有种说不出的感觉。说轻了孩子根本不会放在心上，转眼工夫所有的口舌就纯属白费了；说重了又怕伤了女儿的心，毕竟女儿才是最重要的。思来想去也找不到合适的解决办法，最终只能答应。

大概在女儿小学三年级的时候，她第一次开口向小段索要了一个名牌书包，小段当时想都没想就直接买给她了。后来，女儿开始越来越频繁地要买名牌，当时小段想过要出言制止，但转念一想，家里的条件又不是不允许她花钱，何必为了几件名牌闹得女儿不开心呢？于是就这样，女儿从开始的一个名牌书包，发展到现在全身上下都是名牌，加起来比他穿的都贵。这时，小段才意识到事态开始严重起来，却没有找到合适的机会和言辞来说服女儿放弃追逐名牌。女儿越来越大了，小段不知该怎么和女儿沟通，所以只能一次次被女儿软磨硬泡地拉去陪她购物，最终无可奈何地看着一脸兴奋的女儿。

女儿还没有成年，以后可能还有名牌车子、名牌包包、名牌化妆品等一大堆的名牌在前方等待着她去追逐。家中的经济状况确实可以让她全身名牌，但是终有一天她要独立，小段不禁开始担心以后的女儿究竟是否可以支付得起自己的奢侈品账单了。苦于没有好方法拉回在名牌之路上疾驰的女儿，所以每每这时，小段只能懊悔当初的冲动和肆意满足女儿的任性，最后留下一声叹息。

案例中，面对女儿对名牌商品的执着，身为父亲的小段无可奈何。究其根本，造成这种现象的原因是他一开始就没有意识到问题的严重性，只是一味地满足女儿的购物要求。这种长期累积的名牌情结让女儿无法自拔，也让深爱着女儿的小段就算如今意识到了问题的严重性，但依然无计可施。

当发觉孩子开始对名牌商品心有向往的时候，家长要及时进行疏导，通过与孩子的沟通来解决问题。如果家长是抱着先满足再制止的想法暂时让孩子享受到心愿达成的快乐，那么日后的劝阻必然困难重重。

◆ 看淡名牌需要正确的引导

孩子对于名牌的追求往往源于最初的好奇心理，家长要准确把握这一点，学会转移孩子在名牌上的注意力，将自己的理论讲给孩子听，这样问题解决起来往往事半功倍。

　　王宏的同事最近在闲暇时曾经找他，与他探讨教育孩子的方法。原来，同事家里的孩子最近吵着要买一双明星球鞋，同事一时之间不知所措。偶然听说王宏家的孩子很懂事，所以特地前来交流，想在育儿方面吸取一些经验。

　　王宏和他讲，自己的女儿也曾经出现过这种情况，那是在女儿小学二年级的时候，她曾索要过一条儿童的品牌连衣裙。当时，

**别跟孩子哭穷，
别让孩子炫富**

自己就明确地拒绝了女儿，他和女儿说："爸爸觉得这是没有必要的，你年纪尚小，没有必要穿那么贵的衣服。你想想贫困地区的孩子，有多少和你年龄相仿的小朋友吃不饱穿不暖？我们何不把省下来的钱用于帮助他们呢？"

同时，王宏还给了女儿一个方案：裙子可以买，不过因为买裙子超过了她的生活开支预算，所以钱要从她的玩具、零食一类的开销里面扣除，让女儿自己选择。女儿认真思考爸爸的话后，决定放弃买裙子的想法。自此之后，女儿就很少索要名牌了，即便也有几次类似情况，他都变着法地和女儿讲这些雷同的道理，最终成功说服女儿听从自己的建议。至今，女儿都没有在名牌问题上出现过出格的举动。

听了王宏的话，同事连连道谢，表示收获颇丰。

案例中，王宏教育孩子的方式无疑是十分明智的，他在拒绝了女儿对于名牌的要求的同时，也把道理讲得明明白白。这样既阻止了孩子购买名牌，又不会引起孩子的负面情绪。

拒绝孩子的决定可以做得十分轻松，但是如何有效地解决问题又不让孩子产生逆反心理是每位家长需要注意的问题。逻辑清晰、道理浅显、说话方式易于接受，只有做到这几点，孩子才会更容易被你说服。